G. MACON

LA VILLE DE CHANTILLY

La Ville de Chantilly

III — L'ADMINISTRATION ET LA VIE

au XVIIIe Siècle

G. MACON

LA VILLE

DE

CHANTILLY

III

L'ADMINISTRATION ET LA VIE

au XVIIIe Siècle

SENLIS
IMPRIMERIE E. VIGNON FILS
1, RUE SAINT-PIERRE, 1

1911

La Ville de Chantilly

L'ADMINISTRATION ET LA VIE AU XVIIIe SIÈCLE

Lorsque Chantilly, après la mort de Louis XIII, fut rendu à la sœur du duc de Montmorency, Charlotte-Marguerite, princesse de Condé, le siège de la justice seigneuriale fut maintenu à l'hôtel de Tournebus, à Senlis [1] ; mais le ressort fut enlevé au bailliage royal de Senlis pour être rendu au bailliage ducal de Montmorency, dont le nom fut changé en celui d'Anguien par lettres patentes délivrées au mois de septembre 1689 ; jusqu'à la Révolution, on dit le duché-pairie d'Anguien. Un article est consacré au fief de Tournebus dans l'aveu et dénombrement de Chantilly rédigé en 1692 : « *Item* nous appartient le fief de Tournebus assis en la ville de Senlis..., et avons audit lieu un hostel où se tient la justice tous les samedis de chacune semaine ; et au devant dudit hostel est une chaire de pierre appelée anciennement la chaire du bailli de Montmorency et à présent d'Anguien ».

A la justice de Chantilly avaient été unies, au mois de mars 1687, les justices des seigneuries acquises par le Grand Condé. La juridiction du tribunal de Tournebus s'exerçait donc alors sur Gouvieux, la Chaussée, Chantilly, Vineuil, Saint-Firmin, Apremont, Courteuil, Montgrésin, Commelles, Pontarmé, Thiers, Neufmoulin, et, au-delà de Senlis, sur les seigneuries de Montépilloy et de Chavercy. Les successeurs du Grand Condé acquirent les seigneuries de Coye, de Chaumontel, du Lys, de la Cave à Gouvieux, de Laversine, Saint-Maximin, Trossy, les Hayes, de Malassise près Apremont, de Verneuil et de Villers-Saint-Paul. En 1776, le prince Louis-Joseph fut sollicité de demander la réunion des justices de toutes ces seigneuries à la justice de Chantilly, et le transfert à Chantilly

---

[1] Voir *les Origines*, p. 44.

même du siège de la justice. Un long rapport rédigé par l'intendant-général du prince, M. Michel, exposa les raisons qui militaient en faveur de cette union et de ce transfert :

« Chantilly se trouve dans le centre des lieux des justices réunies et à réunir ; il en est le chef-lieu ; il est le lieu le plus considérable de tous, tant par le nombre de ses habitants que par la résidence continuelle d'une partie de la maison de V. A. S. et les fréquents voyages qu'Elle y fait. Une fois que ce siège sera fixé à Chantilly, la justice, au moyen de la réunion dont il s'agit, sera assez importante et d'un assez bon rapport pour y fixer les officiers. La police en sera mieux exercée, et la sûreté publique s'y trouvera mieux établie, sans que pour cela les habitants des lieux de réunion en éprouvent aucun désavantage, parceque les officiers de leurs justices n'y résident point, à cause du peu de rapport de leurs places. Ils y trouveront au contraire de l'avantage en ce que la justice sera rendue régulièrement à Chantilly, tant parcequ'il pourra y avoir dans tous les temps des officiers éclairés, que parceque les audiences seront fréquentes et fixées par un règlement dont tous les justiciables auront connaissance. Cette justice continuera d'être exercée sous le titre de châtellenie dépendante du duché d'Anguien ; les appels continueront à se porter devant les mêmes juges que ceux qui en connaissent actuellement ; et les officiers conserveront les mêmes qualités, privilèges et prérogatives que ceux dont ils jouissent actuellement... ».

Des lettres patentes données à Versailles au mois d'août 1776, enregistrées au Parlement le 26 février 1777, décrétèrent « l'union et incorporation à la châtellenie, terre et seigneurie de Chantilly, des fiefs, terres et seigneuries de Chavercy, Montépilloy, dont dépend le hameau de Boasne pour la justice, du fief Tournebus situé à Senlis, Gouvieux, dont dépendent les fiefs de la Chaussée, Chaumont, la Couture et de l'étang de la Chaussée, Apremont, Pontarmé, Thiers, Neufmoulin, la Muette de Senlis, Commelles, Courteuil, Saint-Firmin en partie, dont dépend Vineuil, La Morlaye, le fief Châtillon à Creil ; plus, des fiefs, terres et seigneuries acquis depuis 1687, savoir : le Lys, Verneuil-sur-Oise, Malassise, la Cave à Gouvieux, dont les appellations ressortissent au bailliage de Senlis ; Villers-

Saint-Paul, Chaumontel, Laversine, dont dépendent Saint-Maximin, Trossy et les Hayes, dont les appellations ressortissent au bailliage et châtellenie de Creil; la seigneurie de Coye, dont les appellations ressortissent au Châtelet de Paris; et toutes les dépendances desdites terres et fiefs, pour le tout être compris sous la même dénomination de la justice et châtellenie de Chantilly, et lesdites justices ainsi unies et incorporées être exercées par le juge de Chantilly sous le nom et titre de châtelain, et par appel par les juges des justices dont celles dessus réunies relèvent.... Nous voulons que le siège de ladite justice et châtellenie de Chantilly, établi au fief Tournebus à Senlis, soit transféré à Chantilly... ».

Les officiers qui composaient le siège du fief Tournebus sollicitèrent leur maintien au nouveau siège de Chantilly; nommons : Louis-Laurent Regnard, avocat au bailliage et siège présidial de Senlis, qui, depuis le 1er août 1746, était juge de Chantilly au fief Tournebus avec le titre de lieutenant particulier du bailli du duché d'Anguien; il était en outre, en vertu de provisions successivement accordées, juge de la Cave, du Lys, de Chaumontel, de Cinqueux et de Coye; — André-Joseph Antheaume, avocat en parlement, procureur fiscal de la justice et gruerie de Chantilly, en remplacement de Nicolas-Henri Duquesne, qui avait donné sa démission le 31 décembre 1776; — Louis-Charles-Nicolas-Rieul Regnard de Gozengré, greffier de la justice; — six procureurs résidant à Senlis, deux résidant à Luzarches; un huissier-audiencier, etc.

Le 5 mars 1777, le prince de Condé, sur rapport de son conseil, nomma les officiers du tribunal de Chantilly : juge-châtelain, M. Regnard; procureur-fiscal, M. Antheaume; greffier, M. Regnard de Gozengré; procureurs-postulants, Jean-Claude Lasnier, Louis Cretel, Pierre-Louis Boursier, Alexis-Charles-François Bonfils, Melchior-Gaspard-Balthazar Levasseur, Charles-Louis Boucher, François Chambrelent, Jacques-Didier Corboran, ces deux derniers seuls tenus de résider à Chantilly; huissiers-audienciers, Antoine Leroy, Jean-Baptiste Collant; sergent, Pierre Desmazures; enfin quatre substituts du procureur-fiscal pour les paroisses de Gouvieux, Verneuil, Villers-Saint-Paul et Montépilloy.

M. Antheaume fut en outre pourvu de l'office de notaire de la nouvelle châtellenie. André-Joseph Antheaume de Surval fut donc le premier notaire de Chantilly [1]. Il prit un commis, Pierre-François-Bernard Patin, aux honoraires de 300 livres par an, avec la table et le logement [2]. Ce commis entra en fonctions le 14 novembre 1777. A partir du 1er janvier suivant, une nouvelle convention assigna 1.000 livres d'honoraires à M. Patin, sans table ni logement ; cela dura jusqu'au mois de janvier 1783, date à laquelle M. Patin s'établit à son compte en reconnaissant devoir à M. Antheaume 1.181 l. 3 s. 4 d. Déjà, d'ailleurs, il avait le titre de notaire, qui dut lui être accordé dans l'été de 1778 : dans le registre des ensaisinements conservé aux archives du Musée Condé, un acte du 29 juillet 1778 est passé par devant M. Antheaume, *notaire;* et l'acte qui suit immédiatement, daté du 5 octobre, est passé par devant M. Patin, *notaire.* M. Patin exerça cette charge jusqu'à sa mort, survenue le 14 décembre 1804. Par contrat du 18 novembre 1787, il épousa Marguerite-Geneviève Caillet, d'une notable famille de Nanteuil [3]; il acquit la maison qui porte le n° 83 de la rue du Connétable, s'y installa, et y mourut ; c'est là aussi que, soixante ans plus tard, sa veuve termina sa très longue existence. Elle lui avait donné quatre enfants : André-

[1] En réalité, le premier notaire de Chantilly fut Paul Dalichamp, « substitut du procureur fiscal, notaire royal et arpenteur », marié à Marie-Catherine Méthelet. Le duc de Bourbon l'avait fait venir en 1726 de Saint-Leu à Chantilly, où il habita la maison de Jean-Baptiste Bordier (n° 55 de la rue du Connétable). Après la mort du prince (1740), Paul Dalichamp regagna Saint-Leu.

[2] Le premier soin de M. Patin fut d'acheter une montre en or ; à cet effet, M. Antheaume lui prêta la somme de 179 livres, qui ne fut complètement remboursée que le 1er août 1781.

[3] Le mariage fut célébré dans l'église de Nanteuil le 19 novembre : le marié est « fils majeur de défunt François-Augustin Patin et de Geneviève Brimeur » ; la mariée est « fille mineure de Pierre-Zacharie Caillet, ancien régisseur du prince de Condé à Nanteuil et procureur fiscal de cette ville ». Les témoins furent, pour M. Patin, M. Antheaume de Surval, régisseur du prince de Condé à Chantilly, et Claude Mortet, contrôleur de la vénerie du prince ; pour Mme Patin, son père et Jean-Claude Chantepie, régisseur du prince à Nanteuil. M. Patin était né à Ermenonville en 1741.

Gabriel-Armand, qui suivit de près son père dans la tombe (15 mars 1805); Charles-Zacharie-Bernard, qui fut notaire à Creil; Charlotte-Christophe, qui épousa Anne-Hubert Lavollée, directeur à la Direction Générale des Douanes, et Euphrasie-Amédée, mariée à son cousin Louis-Désiré Caillet, notaire à Pont-Sainte-Maxence. Le successeur de M. Patin dans l'office de notaire de Chantilly fut Jacques-Hermann-François Jacquin, que nous retrouverons dans la suite de cette étude.

Le nouveau tribunal de Chantilly fut intallé en grande pompe, le 3 avril 1777, dans l'hôtel de Beauvais, qui reçut alors le nom d'hôtel des Juridictions (en face de l'église, n° 12). L'âge du juge Regnard l'empêcha bientôt de siéger avec exactitude, et on lui chercha un suppléant qui fût « un sujet capable et assez désintéressé pour remplir ces fonctions sans aucun émolument pendant la vie du sieur Regnard ». Le choix se porta sur Jacques-Augustin Debray, avocat au bailliage de Senlis, et des lettres de survivance, portant exercice de l'office de juge-châtelain, lui furent délivrées le 23 novembre 1783. M. Regnard se retira définitivement en 1787 et mourut en 1791. M. Debray ne fut donc titulaire du siège que pendant trois ans, puisque les justices seigneuriales furent supprimées en 1790.

*
* *

La plus ancienne ordonnance de police conservée dans les archives du Musée Condé fut promulguée le 8 février 1713 par Antoine de Saint-Leu, juge de Chantilly sous le titre de lieutenant du bailli d'Anguien :

« De par M[r] le lieutenant de Chantilly. Le huit février 1713, en la police tenue à Chantilly sur la requeste du procureur fiscal (Duquesne), ont été faits les taux et mis le prix aux pains, vins, viandes et autres denrées, en la présence des hostelliers, cabaretiers, boulangers et marchands, qu'ils observeront sur peine de dix livres d'amende pour chacune contravention, et de plus grosse en cas de récidive :

« La livre de pain blanc bourgeois sera vendue deux sols six deniers; le pain bis de ménage, deux sols.

« Le pot de vin de Bourgogne, le meilleur quatorze sols (prix abaissé à 8 sols par l'ordonnance du 7 avril 1716).

« Le pot de vin de Conflans, d'Argenteuil et autres vins françois, huit sols (12 et 10 le 7 avril 1716).

« Le pot de vin de pays, cinq sols le meilleur (9 et 8 sols en 1716).

« Le pot de vin de Brie ou de pays commun, quatre sols six deniers.

« La botte de foin pesant neuf à dix livres, cinq sols (6 et 5 sols en 1716).

« Le picotin d'avoine, mesure de Senlis, dont les trente-deux font la mine, quatre sols (2 s. 6 d. en 1716).

« La botte de paille, deux sols (3 sols en 1716).

« La dînée d'un cheval, de deux mesures d'avoine et d'une botte de foin, douze sols.

« La journée et la nuit d'un cheval, vingt-quatre sols.

« La livre de bœuf, veau et mouton sera vendue quatre sols six deniers par les bouchers, et, cuite, cinq sols six deniers.

« La livre de gros lard salé, douze sols.

« La livre de petit lard salé, neuf sols.

« Deffenses sont aussi faites à toutes personnes d'excéder le prix desdits taux, et aux taverniers, cabaretiers, de donner à boire et à manger les jours de festes et dimanches pendant le service divin, et nuitamment, savoir, l'hiver, depuis la Saint-Remy jusqu'à Pasques, après huit heures, et l'esté, depuis Pasques jusqu'à la Saint-Remy, après neuf heures, ny de souffrir qu'il soit tenu jeux de berlan, cartes, dez et clefs, principalement à ceux du lieu, sur peine de pareille amende de dix livres.

« Deffenses aux cabaretiers de loger chez eux aucune personne plus de vingt-quatre heures sans en donner avis au procureur fiscal, à peine d'amende.

« Comme aussi deffenses sont faites à toutes personnes de jouer à la boule pendant le service divin, ny de jurer et blasphémer le saint nom de Dieu, sur les peines portées par les ordonnances.

« Et sera le présent règlement donné aux cabaretiers et marchands, pour estre affiché au lieu le plus apparent de leur maison, à peine d'amende.

« Enjoint aux sergens de cette justice de faire rapport des contraventions, à peine d'interdiction.

« Fait et donné à Chantilly ledit jour et an. (Signé) de Saint-Leu. Ce fut fait et expédié comme dessus, (signé) Laurens » (Philippe Laurens, greffier de la justice).

Les « devoirs du sieur juge de Chantilly par rapport à la police seulement » sont exposés dans un mémoire rédigé en 1753 :

« Il doit rendre régulièrement toutes les sentences de police dans Chantilly, Vineuil et ce qui en dépend, dont l'exécution est confiée au sieur de Sarrobert (capitaine-gouverneur); c'est-à-dire qu'il doit taxer régulièrement, et conformément aux prix des marchés de Senlis et du pays, le pain blanc et bis-blanc, le vin, la viande, le foin, la paille et l'avoine, faire faire les affiches pour cela et les envoyer au sieur de Sarrobert, qui les fera publier et afficher partout où il convient, punira les contrevenants, ou fera faire par le sergent des justices de Chantilly les procès-verbaux des contraventions lorsqu'il jugera plus à propos de les faire condamner en l'amende par le sieur juge de Chantilly. Il doit faire de temps en temps les visites des poids et mesures chez les marchands, d'accord avec ledit sieur de Sarrobert, qui lui donnera les gardes nécessaires pour cela. Et à l'égard de tous autres actes judiciaires, soit pour le service de S. A. S. ou pour le bien et l'avantage du pays et des particuliers, il les fera de concert avec ledit sieur de Sarrobert ».

D'une façon générale, l'exercice de la police et l'administration de la ville incombaient donc au capitaine de Chantilly, qui avait la délégation du prince. Dans la première partie de ce travail, nous avons rencontré Louis de La Rue, puis Claude Richard, seigneur du Plessis-Godard. Celui-ci eut pour successeur un ancien officier nommé Sigismond de Sarrobert, écuyer, marié à Marthe Le Meignan. Un fils, Louis, lui naquit en 1717 et fut baptisé, le 3 novembre, dans la chapelle du château par l'évêque de Senlis ; le parrain et la marraine furent le duc de Bourbon et une de ses sœurs, Melle de Charolais. Il habitait l'hôtel de la Capitainerie (n° 14 de la rue du Connétable) ; c'est là que mourut sa femme le 13 janvier 1742, et lui-même le 15 octobre suivant. Tous deux furent inhumés dans l'église de Chantilly, où les rejoignit, dix-huit ans plus tard, leur fils Louis. Celui-ci, capitaine de cavalerie et chevalier de Saint-Louis, fut capitaine de Chantilly après son père, épousa Marie-Stanislas Urbain, dont il eut une fille le 24 juin 1745 et un fils le 7 juillet 1746, et mourut le 8 juillet 1760. Le fils, Louis, fut plus tard sous-gouverneur du duc d'Enghien, puis secrétaire du prince de Condé à l'armée des Émigrés.

Voici une ordonnance de police promulguée par Sigismond de Sarrobert le 21 mai 1719 : « De par S. A. S. Monseigneur le Duc. Il est très expressément deffendu à tous cabaretiers et hosteliers de donner à boire à qui que ce puisse être, hormis les passants, les jours de feste et dimanche jusqu'après la grande messe et pendant vespres, ni pendant les nuits après dix heures, sur peine de dix livres d'amende pour la première fois, et du double pour la seconde avec la prison ; et si quelqu'un veut forcer lesdits cabaretiers et hosteliers à se faire donner à boire, il sera mis au cachot. Il est pareillement deffendu, sur les mesmes peines cy dessus, de tenir aucuns jeux dedans ni dehors des maisons, ni de danser et jouer des violons et autres instrumens pendant les grandes messes et vespres ».

*
* *

Le capitaine de Chantilly, en vertu de l'autorité que lui déléguait son maître, avait à s'occuper de toutes choses. Lorsque, en 1724, le duc de Bourbon reconnut la nécessité d'agrandir l'église et d'adjoindre au curé des collaborateurs, M. de Sarrobert adressa le mémoire suivant au chef du conseil du prince :

« Ayez la bonté, Monsieur, de vous ressouvenir pour représenter à S. A. S. :

« Que s'il se fait une augmentation de prestres à la paroisse de Chantilly, il n'y faut point de chanoines ; que nous avons cinq ou six chapitres autour du voisinage dudit lieu [1] qui se battent de temps en temps comme des enragés et qui ne veulent point connoître de supérieur, chacun voulant estre le maistre,

---

[1] A Senlis, à Creil, à Luzarches.

qu'il y en a mesme qui font une vilaine vie, et que personne n'est en pouvoir d'y mettre ordre ny de les chasser ;

« Qu'il ne faut à ladite paroisse que des prestres habitués qui ne soient que commissionnés, comme dans les paroisses de la ville de Paris, et desquels on se deffait quand on n'en est pas content, lesquels doivent estre sous les ordres et la discipline du curé ;

« Qu'il est nécessaire de faire mention par une clause expresse dans l'establissement desdits prestres, qu'aucun n'y sera receu à moins qu'il n'aye de la voix pour le chant au chœur, où ils seront chantres chacun à leur tour suivant les ordres de leur supérieur ;

« Qu'il y a de beaux et bons orgues dans cette église, pour lesquels feu Monsieur le Prince (Henri-Jules) payoit trois cens livres à un organiste, qui a esté retranché depuis sa mort (1709) par le conseil de sa succession, et qu'il faudroit rétablir 5 ou 600 livres pour l'entretien dudit organiste ;

« Qu'il y a six enfants de chœur à qui on ne donne rien, aussi font-ils le service de l'église à la fourche, toujours fort malpropres ; et que, pour y donner l'émulation, il faudroit que la fabrique fust en estat de donner tous les ans deux cens livres pour faire apprendre un métier à un de ces six enfants de chœur qui sortiroit après six ans de service de ladite église ;

« Que le maistre d'école de Chantilly y est aussy clerc de l'église et chantre, n'ayant que 220 livres de gages, dont S. A. S. luy en donne cent et la fabrique cent vingt ; il faudroit que ladite fabrique fust en estat de luy donner jusqu'à cinq ou six cens livres, à condition qu'il ne prendroit rien du public pour sa cléricature et pour enseigner les enfants de la paroisse ;

« Que la fabrique de la paroisse n'a pas de quoy entretenir son église, et qu'il faudroit faire en sorte qu'elle fust augmentée de six cens livres, indépendamment de ce qu'elle seroit obligée de payer comme il est dit ci-dessus ;

« Que s'il y a effectivement quelque destination pour augmenter les revenus de l'église et de l'hôpital, il faudroit réunir tout à la fabrique, à la charge de payer par elle ou par son trésorier au curé, au vicaire, aux autres prestres, à l'organiste, au maistre d'école, aux enfants de chœur, à l'hôpital, etc.; que le revenu de cette réunion seroit beaucoup mieux régi, y ayant un trésorier pour recevoir et pour payer, et parceque les comptes se rendroient par devant le curé, les marguilliers et principaux chefs et habitants de la paroisse, qui décideroient en mesme temps ensemble des questions qui regarderoient les dits revenus;

« Que pour le choix du vicaire et des prestres habitués de ladite église, il seroit à propos, pour le plus grand bien, qu'il fust fait à la pluralité des voix par une assemblée composée du curé, du capitaine, du baillif (juge), du premier marguillier et des quatre premiers et plus notables des autres paroissiens de Chantilly, et que, pour les renvoyer de ladite église lorsqu'on n'en seroit pas content, ce seroit par la décision de la mesme assemblée, dont rien ne seroit exécuté, soit pour les recevoir ou pour les mettre dehors, que par la ratification et l'ordre de S. A. S., à qui la présentation ou la représentation des sujets seroit faicte par les deux premiers chefs de ladite assemblée ».

Si l'on veut bien se reporter à mon *Historique des édifices du culte à Chantilly* (1902), où le sujet a été amplement développé, on se rendra compte que, pour les principaux points, le service spirituel de la paroisse de Chantilly fut réorganisé par le duc de Bourbon sur les bases indiquées par M. de Sarrobert. Pour en finir avec l'église, citons encore cette note du capitaine-gouverneur :

« Il y a dans l'église de Chantilly une tribune dans laquelle on ne doit laisser placer que la compagnie du château et où on n'a jamais laissé monter d'autres personnes. Il y en a une autre vis-à-vis, du côté des cloches, où on laissoit placer les femmes de chambre. Et il y a le banc de S. A. S., qui est au bas de l'œuvre, dans lequel feu S. A. S. (le duc de Bourbon) ne vouloit pas permettre que personne se plaçât, excepté le concierge du château seulement, avec sa famille, lorsque S. A. S. n'étoit pas à Chantilly, et le concierge ne pouvoit s'y placer quand il y avoit compagnie au château, ledit banc étant destiné pour les dames de la compagnie à qui il plairoit d'y entrer ». — « Bon », écrivit au bas de cette note le nouveau prince de Condé

*
* *

Louis de Sarrobert, fils de Sigismond, prit soin de rédiger un état des « Devoirs et obligations du capitaine de Chantilly » ; j'en extrais ce qui intéresse l'administration de la ville :

« Faire la police généralement dans toutes les paroisses de S. A. S. dépendantes de Chantilly, soit pour ouvrir les portes (des parcs et jardins) qu'on ne doit point ouvrir sans permission, soit pour les querelles et batteries qui y arrivent par les vagabonds et gens suspects, que les gardes y doivent arrêter et amener à Chantilly ; pour les fêtes des villages, où lui seul a droit de tirer ou de faire tirer par qui bon lui semblera le premier coup pour le seigneur, d'y danser la première danse, et où il met l'ordre et la règle et punit ceux qui y font du désordre. Cependant, s'il se trouvoit quelque cas qui méritât peine pécuniaire ou afflictive, le sieur de Sarrobert renvoyeroit aux juges du lieu pour y être par eux prononcé, et l'exécution du jugement sera faite par les ordres dudit sieur de Sarrobert.

« Faire militairement la police générale de Chantilly ou la faire faire par les officiers de justice lorsqu'il le juge à propos. Cette police consiste à faire fixer le prix des denrées, à ordonner le nettoyement des rues, à deffendre l'ouverture des cabarets à certaines heures, à obliger les hôteliers et cabaretiers de lui rendre compte de tous ceux qui logent chez eux et de ce qui s'y passe, à punir militairement toutes batteries et querelles, à ne rien laisser afficher, publier à son de tambour ou autrement sans son ordre ou permission, à ne pas laisser louer d'appartement sans permission et qu'après avoir rendu compte du négoce qu'on y veut faire et présenté des certificats valables de vie et mœurs des endroits où on a demeuré auparavant, et ne laisser rien innover dans le village ; à ne pas souffrir de charlatans, vendeurs de chansons et images, sans permission et sans leur avoir fait montrer des certificats sur lesquels on puisse compter ; à ne laisser exercer aucun commis (des Fermes) pour vin, tabac ou contrebande ; à obliger les huissiers, même ceux des cours souveraines, de demander permission avant d'exploiter, saisir ou arrêter personne dans Chantilly ; à ne pas souffrir de mendiants dans les jardins et aux environs du château, à ne laisser entrer aucun demandeur, présenteur de placet, de bouquet, de brioche, dans le château sans sa permission. Répondre généralement de tout ce qui se passe à Chantilly, au château, autour des eaux, dans les bosquets et différents parcs, parterres et promenades et dans toutes les forêts, donner tous ordres et faire toutes deffenses à ce sujet.

« Outre toutes ces choses, ledit sieur de Sarrobert est encore chargé ordinairement de la distribution des charités quand S. A. S. en fait faire à Chantilly et dans les autres paroisses aux environs, et particulièrement dans les cas d'incendie, famine, maladies et autres malheurs publics et particuliers, comme aussi de payer les gratifications que S. A. S. fait donner quelquefois à gens qui rendent des services de conséquence et qui s'y prêtent, comme aux gens qui travaillent bien dans les cas d'incendie de bâtimens de S. A. S., ou qui quittent leurs ateliers ou ouvrages pour courir éteindre le feu dans les bois quand il y prend ».

La question de l'incendie reparaît dans les « Devoirs de l'officier des bâtimens : il doit tenir toujours en bon état toutes les pompes à feu et les seaux, en cas d'incendie y conduire les ouvriers de la maison et faire travailler à éteindre le feu.... Quoique ce soit à l'officier des bâtimens à porter du secours au feu et à faire travailler à l'éteindre, le sieur de Sarrobert doit également s'y porter, y mener les officiers, les gardes, les bourgeois, et mettre la règle partout ».

Louis de Sarrobert me semble représenter assez bien le type de l'officier loyal et bourru, foncièrement bon, mais sévère sur les consignes. La façon toute militaire dont il exerçait ses fonctions produisit une certaine tension dans ses rapports avec l'officier des forêts, le gruyer, comme on disait alors, ainsi qu'avec l'officier des bâtiments. Elle excita aussi des rancunes, qui se manifestèrent par des rapports anonymes adressés au prince de Condé. Un de ces rapports contenant des imputations qu'il parut nécessaire d'éclaircir, le prince le fit envoyer à M. de Sarrobert, et celui-ci, fort de sa conscience, y répondit péremptoirement. Le factum est long, mais je me reprocherais d'en retrancher une ligne ; le voici dans son intégralité.

« Extrait d'un mémoire anonyme présenté à S. A. S. Mgr le prince de Condé à Paris au mois d'avril 1756, lequel extrait m'a été envoyé par M. Joly (secrétaire du Conseil) pour y être répondu en marge à chaque article, ainsi qu'il suit.

« 1° En général qu'il se commet des crimes et qu'il y a bien du dérangement et de la licence dans Chantilly.

« *Réponse.* — A Chantilly comme dans tous les villages circonvoisins, il y a une ou plusieurs veillées pendant une partie de l'année, c'est-à-dire un lieu où les filles et femmes se rassemblent pour travailler à leurs dentelles, et où tour à tour par ménagement elles fournissent la lumière, qui souvent n'est qu'une lampe, quelquefois une chandelle. Là les commères vont causer, et les jeunes gens s'y vont délasser de leur travail. Quelquefois la veillée finit par danser entre eux. Il ne s'y passe point de crimes, et s'il y a quelque libertin qui trouble l'assemblée, qui cherche ou qui occasionne des querelles ou des batteries ou qui fasse quelque autre sottise, j'en suis aussitôt averti et je le punis par le cachot. La seule différence qu'il y a à cet égard entre Chantilly et les environs, c'est que là ces sortes de libertinages sont impunis, et qu'icy la peine suit de près la faute. Le terme de crime est déplacé en cet endroit, à moins que l'auteur du mémoire n'entende ceux qui se disent à confesse parcequ'ils sont secrets, lesquels ne sont pas de ma compétence [1]. Il y aura toujours des ivrognes, des tapageurs, des coureurs de nuit, et la police ne les réprime que lorsqu'elle les connoit ; et je puis dire qu'il n'y a pas d'endroit où elle soit plus éclairée qu'à Chantilly ; mais aussi il y a des petites étourderies qui donnent plus à rire qu'à se fâcher, et sur lesquelles je ferme volontairement les yeux parcequ'elles ne sont de conséquence ni pour le présent ni pour l'avenir. Pour les crimes publics, ils sont si rares que l'auteur du mémoire n'en cite que deux ou trois exemples que je vais réduire à bien peu de chose.

« 2° Que le nommé Bitouzet, ouvrier plombier, séparé d'avec sa femme qu'il a voulu tuer, a surpris et violé la fille, innocente de naissance, de la femme du nommé Pincebourg ; que la mère, qui la croyoit hydropique, en a été détrompée ; qu'elle luy a

---

[1] M. de Sarrobert parait attribuer à un prêtre les rapports anonymes.

fait faire sa déclaration à Senlis par le conseil de M. de Sarrobert; que sur les sollicitations vives de Bitouzet, la mère a conduit sa fille à l'Hôtel-Dieu de Paris pour faire ses couches, d'où elle doit être mise à l'hôpital.

« *Réponse.* — Il est vrai que la fille de la Pincebourg, âgée de plus de trente-cinq ans, mais innocente de naissance, s'est trouvée grosse, et que sa mère, qui la croyoit hydropique, l'a mise plusieurs fois à l'hôpital pour luy donner du soulagement. Le public a jugé la chose comme elle étoit, et on en a averti sa mère, qui, ne le croyant pas encore, le luy a fait demander par des commères ses voisines, auxquelles elle a avoué qu'elle étoit effectivement grosse du fait de Bitouzet et preste d'accoucher. Après cet aveu, la mère et ses voisines sont venues m'en faire part. J'ay d'abord conseillé à la mère d'aller en faire sa déposition au greffe de la justice de Chantilly pour satisfaire aux ordonnances du Roy en pareil cas. Elle y a été, et en même temps a porté sa plainte contre Bitouzet, chose que je ne luy avois ni dit ni défendu de faire. Cette affaire a donc été mise entre les mains de M. Regnard. Comme j'ay senti qu'elle pouvoit devenir sérieuse pour Bitouzet, je l'ay retourné de tous les sens pour luy faire avouer la vérité. Je n'ay pu tirer l'aveu. Il y avoit en lui un air de naïveté et de vérité qui m'a fait penser qu'il pourroit bien n'être pas si coupable qu'on le faisoit. Des discours répandus dans le public m'annonçoient qu'on accusoit d'autres que luy de commerce avec cette fille, quoyque les parens s'obstinassent à dire que c'étoit luy. Dans ces circonstances, j'ay cru qu'il valoit mieux, si je le pouvois, sauver un coupable que perdre un innocent. J'ay donc cherché de ce moment à accommoder l'affaire. La mère m'en a donné elle-même l'ouverture en me priant de faire recevoir la fille à l'Hostel-Dieu pour faire ses couches, et de là dans une de ces maisons où l'on met les insensés. J'y ay réussi par le moyen de M. de Lagrange, beau-frère de M. le Procureur-général. Il y a environ trois mois de cela; depuis cela je n'en avois plus entendu parler. A l'égard de Bitouzet luy-même, qu'on accuse dans ce mémoire d'être séparé de sa femme parcequ'il a voulu la tuer, c'est une suite de l'acharnement qu'il paroît que l'auteur du mémoire a contre luy. Bitouzet est bon ouvrier, hardi, prest à se jeter au feu ou dans l'eau pour rendre service, et de ces gens nécessaires dans les événemens fâcheux ; mais il est ivrogne et brutal, qualités presque toujours inséparables de ces gens là. Sa femme a de grands enfans, filles et garçons tailleurs de pierres. Ils n'ont pu corder avec Bitouzet, ils se battoient comme chiens et chats, et je leur ay enfin conseillé de se séparer ; ils l'ont fait volontairement Mais lorsque Bitouzet est de sang froid, sa femme le reçoit chez elle ; lorsqu'il est ivre, elle le chasse et il retourne chez luy. Depuis cette espèce de séparation, je n'entends plus parler de luy ; car je luy ay promis, et je luy tiens parole, de le mettre au cachot chaque fois que je le vois ivre.

« 3° Parlant du vol du poisson dans les canaux, on annonce qu'Harcillon le fils a instruit et fait boire les témoins, leur a dicté la manière de déposer à la décharge des coupables, et les a même conduits chez M. de Sarrobert avant d'aller déposer.

« *Réponse.* — Cet article est entièrement faux. Harcillon le fils étoit mon piqueur à la pêche. C'est lui qui a découvert le vol, qui m'a donné la liste des voleurs et qui s'est assuré de ceux qui pouvoient servir de témoins contre eux. D'abord je voulois les faire tous mettre au cachot, comme cela s'est déjà pratiqué en pareil cas. Mais considérant la difficulté de découvrir la vérité du fait, voulant constater si les cabaretiers de Chantilly n'en avoient pas acheté, parceque s'il n'y avoit pas de receleurs il n'y auroit pas de voleurs, estant bien aise aussi de comprendre dans la punition qui en seroit faite des gens de Beaumont, de Creil et d'ailleurs que je soupçonnois en avoir acheté, voulant enfin faire une peur épouvantable à tout le pays, j'ay imaginé, au lieu de les punir militairement, de les mettre en justice réglée. C'est moy qui ay remis à M. Regnard les noms des accusés, qui suis convenu de tout avec luy, et Harcillon n'a fait qu'exécuter mes ordres en menant à M. Regnard les témoins que nous étions convenus de faire assigner et sur la déposition desquels il a été donné trois décrets de prise de corps contre les plus coupables, et plusieurs autres d'ajournement personnel. J'ay cru, en faisant dénoncer ce vol à M. Regnard, que c'étoit luy qui en étoit le légitime juge, comme d'un fait de police et d'un vol domestique, et je n'avois pas encore pensé que la justice des eaux et forêts [1] dût exercer la police dans les jardins et presque dans la cour du château. J'ay tâché de faire pour le mieux pour le bien de la chose, et Harcillon m'a bien servi. Il n'y a rien à redire à sa conduite sur ce fait puisque, sans les soins qu'il s'est donnés pour découvrir ce vol, je ne l'aurois peut-être pas su.

« 4° Que les bois sont totalement dégradés, d'un côté parceque, si on fait des recherches des délits, on ne va pas visiter chez les voleurs privilégiés, d'un autre côté parcequ'on arrache les souches, qu'on fait vendre en bois à brûler, ce qui se pratique depuis nombre d'années par les marchands demeurant dans Chantilly, et non pas par ceux qui sont étrangers.

« *Réponse.* — On sait que je ne m'entends pas avec M. le gruyer. Or les recherches des délits de bois se font par les gardes de S. A. S. par mes ordres ; et si je protégeois quelqu'un, M. le gruyer s'en seroit déjà plaint ; comme si M. le gruyer disoit aux gardes de ménager quelqu'un dans leurs recherches, je le saurois ; mais je suis sûr qu'il n'en est rien. A l'égard des souches, je sais en gros qu'on en a fait. Je crois que c'est pour le bien de la chose, car j'ai toujours entendu dire que l'ésouchetage étoit nécessaire au bois. Il est vrai qu'en plusieurs endroits que je connois, le bois ne repousse pas aux endroits où on a ésoucheté, mais je pense que cela vient de la façon de le faire. Je suis moralement sûr que M. le gruyer n'a en vue que l'avantage de S. A. S. et qu'il est incapable de favoriser un marchand plutôt qu'un autre et de ce dont l'auteur du mémoire cherche à le noircir. Il se peut faire que ce qu'il croit devoir tourner à l'avantage du maître tourne différemment, auquel cas il n'y a qu'à changer la façon de le faire ; et au lieu d'en charger les marchands il n'y a qu'à le faire faire par des ouvriers à la journée, ayant un bon piqueur à leur tête. Au reste les marchands de bois de Chantilly ne sont pas plus favorisés que les marchands étrangers. Il n'y a pour s'en assurer qu'à voir combien haut sont poussées les adjudications et tous les procès que

[1] Pour l'explication de ce passage, je ne puis mieux faire que renvoyer à mon *Historique du Domaine forestier de Chantilly*. Je me borne donc à rappeler qu'il y avait une justice spéciale pour tout ce qui touchait aux eaux et forêts, et que les jugements étaient rendus par le gruyer.

M. le gruyer leur fait comme aux autres pour le moindre délit. Je ne puis m'empêcher de rendre justice à M. le gruyer sur cela.

« 5° Que le nommé Béthancourt, blessé par un éboulement de terre, et qui a été guéri de sa blessure, a été estropié beaucoup plus qu'il n'étoit par des tiraillemens que le chirurgien de l'hôpital luy a fait faire, lequel chirurgien luy a fait des deffenses bien expresses d'en rien dire.

« *Réponse.* — Béthancourt, étant blessé par l'éboulement de terres en travaillant pour S. A. S., a été porté à l'hôpital; et, paroissant avoir les reins cassés, le chirurgien, pour le visiter, n'a pas pu ne pas luy faire beaucoup de douleurs. Le cas étoit des plus graves; le chirurgien luy a cru la moelle allongée, et on l'a regardé dans le pays comme un homme mort. Ses parens et amis, voyant qu'il n'y avoit point de ressource, ont été chercher une rebouteuse qui a de la réputation dans le pays. Elle les a flattés de le tirer d'affaire; mais, peut-être pour rendre son service plus grand et pour faire valoir son art, elle leur a dit que les tiraillemens qu'on luy avoit faits rendoient sa situation pire et sa guérison plus difficile. Je n'entreprends point de décider si le chirurgien a bien ou mal fait de le condamner si vite; mais elle en a profité pour se faire valoir, et de fait elle l'a guéri, au point qu'il se soutient sur ses reins, et qu'il n'y a plus que les cuisses et les jambes qui sont comme mortes parcequ'apparemment la circulation ne s'y fait plus si bien ou que les sucs nourriciers ne s'y portent pas avec assez d'abondance. On peut dire à cela que la rebouteuse a été ou plus habile ou plus heureuse que le chirurgien, et il y a quelquefois de ces sortes de gens qui font ce que les meilleurs maîtres chirurgiens de Paris ne pourroient faire; mais il y auroit de la cruauté à croire qu'il eût fait souffrir exprès ce malheureux, et tout le monde sait que dans ces sortes de cas il faut bien un peu tirailler pour remettre toutes les parties à leur place et juger de la qualité et de la grandeur de la blessure ».

J'imagine que M. de Sarrobert dut se faire aider par l'homme de l'art pour rédiger cette bizarre consultation chirurgicale.

On a vu plus haut que, parmi les devoirs qui incombaient au capitaine de Chantilly, figurait celui de veiller au nettoyage des rues. Les habitants de Chantilly, qui entendent tous les matins le son de la clochette attachée au tombereau des immondices, ne se doutent pas que ce tombereau fut inauguré en 1737 ; l'acte de cette inauguration est conservé dans les archives du Musée Condé :

« Du 20 février 1737, par devant nous Charles-Alexandre de Saint-Gobert, lieutenant des justices de Chantilly. Sur ce qui nous a été remontré par le procureur fiscal que les habitans de Chantilly se sont plaints que les boues et ordures qui sont dans la rue les incommodent fort ; que, la plupart n'ayant pas de commodité pour les transporter dehors, ces boues et ordures restent sur le pavé et vis-à-vis des portes ; que pour remédier à ces incommodités ils ont présenté leur placet à S. A S. et demandé la permission d'établir un tombereau pour la vidange des émondices, boues et ordures des maisons, ce qu'Elle leur a accordé aux conditions de faire faire par devant nous l'adjudication au rabais tous les trois ans, et de payer par les habitans le prix de l'adjudication chacun à proportion de la toise de bâtimens de face qu'ils ont sur la rue..... ». L'adjudication au rabais fut accordée à François Mahieux, de Gouvieux, à raison de 138 livres par an, « qui seront payées par les habitans selon la répartition qui en sera par nous faite de trois mois en trois mois, à commencer ladite vidange de ce jour d'huy depuis l'abreuvoir (devant Bucamp et en face du château) jusqu'à la porte de Louis Maignan aux Fontaines, ce qu'il sera tenu faire deux fois par semaine en hiver, le mercredi et le samedi, et en été le samedi seulement ; pour quoy il sera tenu avoir à son tombereau une sonnette pour avertir les habitans, charriera les émondices et ordures hors dudit Chantilly, en sorte que le pavé soit toujours net, et les pourra décharger à la grande Gorge (versant méridional de la Canardière) ou ailleurs, pourvu qu'elles n'incommodent personne... ».

Le toisé des bâtiments sur rue ayant donné 936 toises (1.825 mètres), la redevance fut fixée à 3 sols 4 deniers par toise. De ces 936 toises, 154 et demie représentaient la face sur rue des bâtiments qui appartenaient au prince ; le reste se répartissait ainsi entre les particuliers :

Rue du Connétable, n°s 2 à 8 : la Poste, 20 toises ; M. Peyrard, 4 ; Toudouze, 18 ; Noblet, 3 ; Gravant, 7. — N°s 24 à 44 : veuve Duru, 13 toises ; Blampied, 5 1/2 ; Devaux, 6 ; veuve Bordier, 4 ; Perrier, 3 ; Messac, 3 ; Raimbaud, 4 ; Frémy, 4.

Rue du Connétable, n° 11, Lhermitte, 11 toises ; l'église, avec les retours, 22 ; n° 15, veuve Quévreux, 8. — N°s 25 à 61 : Lefrançois, 9 ; Raimbaud, 4 ; Guérin, 3 ; Marlin, 2 ; Aubry, 11 ; Lambert, 18 ; Doucet, 12 ; Thomas, 8 ; Devaux, 9 ; Moreau, 8 ; Vaudier, 6 ; Lécuyer, 10 ; Bordier, 5 1/2 ; veuve Polhaye, 7 1/2 ; veuve Aubin, 9 ; Letellier, 6. — N°s 83 à 109 : Tonny, 14 ; Vieilleville, 3 1/2 ; Toupet, 3 ; veuve Mille, 17 ; veuve Jean Devaux, 9 ; Devaux le jeune, 9 ; Pointeau, 6 ; Baudet, 6 ; Léger, 6 ; Binet, 27 ; Marchand, 7.

Place de l'Hôpital, n°s 1 à 5 : veuve Bulidon, 10 ; Laville, 8 1/2 ; Tonny, 8. — L'Hôpital, 43. — La veuve Alix (au fond de la place et rue Versepuy), 4. — La veuve Bordier (à droite de l'hôpital), 3.

Rue de la Machine, au dessous de la Manufacture ou maison Aaron : Sacré, 9 ; Trimolet, 4 ; Canillet, 3 ; Alexandre, 8.

Rue de la Machine, côté occidental, en partant du bas : Boucher, 3 ; Trochu, 4 ; veuve Goison, 3 1/2. — Place de l'Hôpital, entre la rue de la Machine et la rue de Creil : héritiers Defresne, 4 ; Durost, 10 ; Lefrançois, 6.

Rue de Creil, côté oriental, depuis l'angle rentrant jusqu'au bas : Hédouin, 4 ; veuve Desvochaux, 13 1/2 ; Harcillon, 4 ; Laboureur, 6 ; veuve Heurteux, 5 ; le *Lion d'Or*, 11 ; Cousin, 4 ; Tonny, 8. — Derrière, sur le quai de la Canardière, Perpette, 4.

Place de l'Hôpital, côté nord : Diot, 30 toises. — Derrière, côté occidental de la rue de Creil : Monamy, 7 ; veuve Aubert, 4 ; Duchâtel, 10.

Angle occidental de la rue de Creil et du quai de la Canardière : Bulidon, 19 ; à la suite, sur le quai : Collant, 4 ; Poulet père, 13 ; Doutreleau, 3 1/2 ; veuve Piaux, 2 1/2 ; Poulet fils, 5 1/2 ; veuve Berry, 8. — Puis venait le carrefour de la Grande-Fontaine.

Rue des Fontaines, côté oriental : Bonnefoy, 3 ; Lécuyer, 2 ; Maignan jeune, 2 1/2 ; Calais, 4 ; Lhermitte, 33 ; Hédouin, 3. — Côté occidental, vers la rue du Viaduc : Maignan, 8 ; Perpette, 4 ; Picard, 3 ; Adde, 4.

En cette année 1737, la population de Chantilly s'élève à

738 âmes, sans y comprendre les princes, leur maison et les nombreux serviteurs. Les maisons de particuliers sont au nombre de 87 ; sans compter l'église, l'hôpital et les bâtiments qui appartiennent au duc de Bourbon. En 1734, il y avait eu 788 habitants ; il y en aura 1.183 en 1756, avec 95 maisons de particuliers ; il faut comprendre dans ces chiffres de la population les employés du domaine que leurs fonctions attachaient d'une façon permanente au château et dépendances, et aux autres bâtiments du prince : Écuries, Beauvais, Quinquempoix, Manufacture, etc. Les dénombrements de Chantilly, par maisons, dressés de la façon la plus complète en 1734, 1737, 1748 et 1756, donnent les noms et professions de tous les habitants, y compris les femmes et les enfants.

Cette population comportait — rien n'est nouveau sous le soleil — une proportion d'indigents, et cette proportion était parfois forte. En 1740, sur les 121 feux dont se compose Chantilly, il y a 31 familles de pauvres mendiants et de pauvres honteux, avec 61 enfants en bas âge. La situation est pire encore à Vineuil-Saint-Firmin : sur 173 feux, 76 familles pauvres comptant 172 enfants en bas âge. Une récolte insuffisante et un dur hiver avaient produit une telle misère, qu'un arrêt du Parlement dut viser les mesures à prendre en vue de la subsistance des pauvres. Un mémoire du 25 mars 1741 nous apprend qu'il y a 72 pauvres à nourrir dans la paroisse de Chantilly ; le comte de Charolais en prit 40 à la charge de son jeune neveu le prince de Condé, et ordonna des distributions de pain et de riz : les 32 autres devaient être nourris par les habitants. Un rôle de taxes fut établi à cet effet et produisit 500 livres ; chacun fut taxé selon ses moyens : « Les propriétaires de la maison du *Grand-Cerf*, pour 560 livres de loyer, 13 livres 14 sols ; les propriétaires de l'hôtellerie de *l'Épée*, louée 800 livres, 26 l. 14 s. ; Nicolas Lhermite, pour ses maisons et ses facultés, 21 livres ; la maison de Florent Diot, louée 500 livres, 15 l. ; ledit Diot, pour ses facultés, 4 l. ; le s[r] Pierre Lebrun, pour 140 livres de rente qu'il a à prendre sur la maison de *l'Ange*, 4 l., etc., etc. ». Le pain valait alors 3 sols la livre.

En 1751, une somme de mille livres fut remise à M. de Sarrobert pour secourir les pauvres de Chantilly et du voisinage, et le capitaine rendit un compte très précis de l'emploi de cette somme ; en voici quelques passages : « Marie Enezard, fille de dix-huit ans, toute nue ; j'ay dépensé en hardes pour son usage la somme de 12 livres.... Deux filles à Jean Salse ; elles manquoient de tout ; je leur ay fait faire à chacune un jupon et un corset pour la somme de 15 l. 2 s. ... A Vineuil, j'ay dépensé la somme de 256 l. 11 s. 6 d., dont 158 l. 6 s. 6 d. pour 25 petits garçons et 18 petites filles qui ne sortoient jamais des maisons de leurs pères et n'alloient jamais ni à l'église, ni à l'école, faute de hardes et étant tout nuds ; j'ay fait donner des culottes et des bas à tous les petits garçons, et des jupons et des bas à toutes les petites filles... ». — Le prince de Condé veillait surtout à l'assistance à donner aux pauvres femmes en couches ; il allouait à la sage-femme de Chantilly une gratification annuelle de 150 livres, portée à 250 en 1784.

* * *

Pour en finir avec la police, rapportons cette ordonnance promulguée par le prince de Condé le 30 novembre 1771 :

« 1° Notre capitaine des chasses [1] continuera de veiller au maintien du bon ordre dans le lieu de Chantilly et dépendances, ainsi qu'à la conservation des immunités et privilèges qui y sont annexés.

« 2° Notre dit capitaine empêchera qu'il ne soit donné retraite à aucuns mendians, vagabonds, gens sans aveu, contrebandiers et autres personnes qui pourroient être suspectes, et aussi qu'il ne se forme aucun entrepôt de tabac de contrebande, ou autres marchandises prohibées par les ordonnances, et même qu'il ne s'établisse des magasins de marchandises et denrées permises, sujettes aux droits des Fermes, au delà de la consommation possible du lieu, afin d'éviter les versemens dans les lieux circonvoisins, de manière que toutes les marchandises et denrées de consommation permises, une fois entrées dans Chantilly,

---

[1] C'était alors Antoine de Belleval, chevalier, seigneur d'Éraine. Nommé capitaine de Chantilly au mois de janvier 1761, il mourut le 11 juin 1785 et eut pour successeurs son gendre le comte de Franclieu, puis le chevalier de Contye.

sujettes (comme dit est) aux droits des Fermes, y soient absolument consommées, sans qu'elles puissent être vendues pour être consommées au dehors.

« 3° Aucun particulier ne pourra s'établir à Chantilly que notre capitaine des chasses ne lui en ait donné la permission par écrit en notre nom, et cette permission ne pourra être accordée qu'à gens bien famés et munis de certificats de bonne vie et mœurs, et encore après avoir justifié qu'ils sont en état de vivre soit de leur revenu, soit de leur métier, sans être à charge aux autres habitans du lieu.

« 4° Enjoignons à tous aubergistes, cabaretiers ou traiteurs, de remettre journellement à notre dit capitaine un état exact des noms et qualités des personnes qu'ils recevront chez eux, soit qu'elles ne fassent qu'y coucher, soit qu'elles veulent y séjourner un ou plusieurs jours.......

« 43° N'entendons rien changer ni innover par les articles 1, 2, 3 et 4 du présent règlement en ce qui concerne les fonctions de notre juge de Chantilly pour la police qui lui est attribuée par les ordonnances. Voulons qu'il continue de rendre toutes les sentences de police dans ce lieu, qu'il taxe régulièrement, et conformément aux prix des marchés de Senlis et dudit pays, le pain blanc et le pain bis blanc, le vin, la viande, le foin, la paille et l'avoine. Voulons aussi qu'il fasse de temps en temps les visites des poids et mesures chez les marchands, bouchers et boulangers, qu'il veille à ce que les rues soient tenues proprement; et seront les sentences et jugements qu'il aura rendus à ce sujet exécutés en la manière accoutumée ».

Lorsque toutes les justices furent réunies en 1777, avec transfert du siège à Chantilly, la police fut retirée au capitaine et confiée au procureur-fiscal-général de la nouvelle châtellenie, M. Antheaume de Surval, qui habitait l'hôtel des Juridictions. Nous citerons quelques actes de son administration :

Le 26 avril 1779, dix garçons de Chantilly sont condamnés à une amende de 20 livres chacun : « Se sont attroupés le 11 du mois, sur les 9 à 10 heures du soir et heures suivantes, avec différens instrumens, ont fait du tumulte, troublé le repos public, se sont arrêtés dans différens endroits des rues de Chantilly, y ont proféré des injures contre le nommé Desmarquet et la veuve

Richard à l'occasion de leur mariage, et ont chanté des chansons injurieuses, ce qui est tant contre la prohibition des arrêts que des règlemens et ordonnances de police du siège... ».

Le 24 juillet suivant, l'huissier Louis-Étienne Bellet signifie à « Legrand, tailleur de pierre demeurant à Chantilly, tenant école chez lui pour enseigner à la jeunesse, comme il n'a aucunes lettres d'institution de Monseigneur l'évêque diocésain pour pouvoir faire ladite école, que le procureur-fiscal-général (M. Antheaume) lui fait très expresses défenses de continuer à enseigner et faire ladite école ou la faire faire chez lui par qui que ce soit, dans huit jours de la présente signification ». Legrand n'ayant tenu aucun compte de cette sommation, il fut cité devant le juge et s'entendit condamner à 50 livres d'amende, avec défense de récidiver sous peine de trois mois de prison.

L'auteur d'un vol était immédiatement appréhendé et enfermé dans les cachots de l'hôtel des Juridictions (ils existent encore). Ce fut le cas, le 30 mars 1784, d'un jeune garnement de quatorze ans qui avait dérobé des denrées chez plusieurs épiciers. Il fut confié aux soins du geôlier Guillaume Bouteille pendant toute la durée de l'information.

Dans l'audience du mercredi 4 septembre 1782, le juge Regnard condamna le boulanger Jean-Marie Garin à 40 livres d'amende pour avoir vendu son pain au dessus du prix fixé par l'ordonnance de police du 7 août précédent. Garin convint avoir eu connaissance du taux du pain « et l'avoir excédé en vendant son pain à plus haut prix, mais parceque ses farines sont d'une qualité supérieure, à quoi il est en quelque sorte obligé à cause de sa qualité de boulanger de S. A. S.; sur quoi le procureur fiscal a répliqué que la qualité de boulanger de S. A. S. ne pouvoit empêcher l'effet de ses conclusions, d'autant qu'il vendoit au public et qu'il avoit un marché particulier pour la fourniture du pain de S. A. S. ». En cas de récidive, Garin sera condamné à plus forte amende, et la porte de sa boutique sera murée pendant un certain temps Cette sentence fut imprimée et affichée. — D'autres sentences sont prononcées contre des cabaretiers qui ont donné à boire pendant les vêpres, contre des marchands qui font usage de poids altérés.

Le 2 août 1788, à la requête de M. Antheaume, l'huissier

Bellet « somme et interpelle le nommé Laurent, palefrenier des écuries de S. A. S., demeurant dans les bâtimens du Petit-Chenil, de déclarer à l'instant quel a été le motif du refus qu'il a fait au bedeau de la paroisse de rendre le pain bénit demain dimanche 3 août; et attendu que led. Laurent ne peut avoir aucune cause légitime pour refuser de rendre le pain bénit », l'huissier lui déclare « que M. le procureur fiscal fera rendre à ses frais et dépens le pain bénit de la messe paroissiale, pour ensuite obtenir exécutoire de dépens contre lui, même aux réserves de se pourvoir contre ledit Laurent par les voyes de droit pour le refus par lui fait ».

Les divertissements eux mêmes étaient réglementés par l'officier de police. Je n'en veux pour preuve qu'une rarissime affiche qui m'a été donnée par mon excellent ami M. Toupet et que je me suis empressé de déposer dans les archives du Musée Condé. La voici :

« Par S. A. S. Monseigneur le Prince de Condé, avec permission et approbation de M. le Lieutenant de Police de Chantilly. — Règle de la salle de Danse. — Premièrement, il y a trente-deux numéros que le Buraliste distribue à la porte du Bureau. Il y a quatre numéros premier, quatre numéros deux, quatre numéros trois, quatre numéros quatre, quatre numéros cinq, quatre numéros six, quatre numéros sept et quatre numéros huit, qui font trente-deux. — Le prix des numéros est de 12 sols. — Quand les quatre premiers numéros auront fini leur contre-danse, les quatre seconds auront soin de se mettre en place sur l'instant ; contre-partie jusqu'aux numéros huit. — L'on ne dansera qu'une contre-danse. — Quand les numéros huit auront dansé leur contredanse, les quatre numéros premiers se remettront sur les places. — Si par hasard quelqu'un ne se trouvoit pas à l'échéance de son numéro, un des quatre numéros suivant dansera à sa place. — Le bal sera ouvert fêtes et dimanches à 4 heures après midi, et finira à 10 heures du soir. — Toutes personnes honnêtes seront reçues. — Toutes femmes qui auront leur fille dans la société entreront, pourvu qu'elles n'aient pas de petits enfans. — Défense à tels personnes que ce soient de faire du bruit ni de frapper dans la société, sous peine de..... — Et généralement toutes personnes qui manqueront seront banis de la société par le Maître de Danse. — L'on aura soin, avant de s'en aller, de remettre son billet au Buraliste ».

*
* *

Lorsque le prince Louis-Joseph prit possession de Chantilly au lendemain de son mariage (il avait dix-sept ans), son oncle et tuteur le comte de Charolais ordonna tout d'abord aux fonctionnaires d'initier leur jeune maître aux détails de l'histoire et de l'administration du domaine. Le 1er juillet 1753, le capitaine, Louis de Sarrobert, remit un « Mémoire sur Chantilly et sur tout ce qui a coutume de s'y observer, soit pour les affaires et la police générale du pays ». Il est intéressant de rapporter la partie de ce long mémoire qui a trait aux franchises de la ville :

« La paroisse de Chantilly a été bâtie par M. le Prince (Henri-Jules), qui en a fondé la cure.... Le village au commencement ne consistoit qu'en quelques maisons à l'entrée de Chantilly..... Du côté des Fontaines, il n'y avoit de maisons que le Petit Chantilly, qui est l'emplacement où est à présent le chantier et la manufacture de Porcelaines. Il y avoit encore trois ou quatre maisons au delà, qu'on appelloit les Grandes Fontaines. Voilà tout ce qui composoit Chantilly.

« Comme ce village, avant qu'il fût érigé en paroisse, étoit partie de celle de Saint-Léonard et partie de celle de Gouvieux, les habitans de Chantilly qui n'étoient pas domestiques de M. le Prince étoient imposés à la taille chacun dans leurs paroisses ; et quoique Chantilly eût été depuis fondé en paroisse et même limité avec Gouvieux par une grosse borne qui est au bout des Grandes Fontaines et qui fait la séparation des diocèses de Senlis et Beauvais, les habitans de Chantilly étoient encore imposés à la taille dans les paroisses de Saint-Léonard et Gouvieux suivant les anciens rolles, jusqu'en l'année 1710 que, par arrêt du Conseil, Chantilly et le hameau des Fontaines, étant devenu paroisse, fut déclaré ne dépendre plus pour la taille ni de Saint-Léonard ni de Gouvieux, et qu'il y auroit tous les ans à Chantilly un collecteur pour asseoir et recevoir la taille et compter avec le receveur de Senlis. M. Phelypeaux, lors intendant de Paris, ayant fait vérifier que Chantilly payoit 300 livres de tailles tant à Saint-Léonard qu'à Gouvieux, déchargea ces deux paroisses de cette somme et en composa le montant de la paroisse de Chantilly. Depuis ce temps, la taille de Chantilly a toujours été de 300 livres, et MM. les Intendans ont toujours eu égard aux remontrances qui leur ont été faites tous les ans pour empêcher l'augmentation de la taille.

« Depuis cet arrangement de la taille de Chantilly, le sieur de Sarrobert a toujours nommé d'office le collecteur de la paroisse, et lui a toujours remis le rolle de la taille tout fait, de sorte que les habitans n'ont jamais eu à nommer à leur discrétion un collecteur, comme cela se pratique dans les autres paroisses, que le collecteur n'a jamais imposé ou diminué personne de son chef, et que MM. les Intendans, qui ont toujours paru contens de cet arrangement et qui n'ont jamais eu aucune plainte des habitans contre les collecteurs ni des collecteurs contre les habitans, n'ont jamais donné à cette paroisse de commissaire de l'Élection à l'effet d'en faire faire devant eux le rolle, comme cela se pratique souvent dans les autres villages, où on ne s'en rapporte pas toujours à la bonne foi et à la justice des collecteurs, surtout dans les années du renouvellement des baux. Il est même à remarquer à ce sujet qu'on n'a jamais souffert de garnison à Chantilly pour forcer ou le collecteur ou le taillable ; mais que, pour n'y pas donner lieu et ne pas enfreindre dans cette paroisse les franchises dont il va être parlé, le sieur de Sarrobert a toujours forcé les habitans, par les peines de prison, à payer au collecteur sa cotte, et le collecteur sur les mêmes peines à payer au receveur des tailles, de façon qu'on n'entend pas la moindre plainte sur le recouvrement de la taille.

« Les cabaretiers de Chantilly ont toujours été exempts des visites des commis pour le droit des Aides jusqu'à présent. Il s'est élevé plusieurs fois en différents temps des difficultés là dessus. En 1712, il y eut des procès-verbaux de faits par les commis aux Aides sur le refus des cabaretiers de Chantilly de leur ouvrir leurs caves et de souffrir leurs visites. Lesdits cabaretiers sont tenus en cela par une possession très ancienne et par des deffenses expresses du sieur de Sarrobert de leur ouvrir leurs portes ; ce sont les propres termes desdits procès-verbaux. Effectivement, cette possession d'exemption des visites des commis est aussi ancienne que Chantilly ; et, par une copie collationnée d'une lettre et ordre de MM. les fermiers généraux signé Ranby en 1681, on peut voir les attentions qu'on a eu à maintenir ladite exemption, et qu'elle l'avoit été de même dans les deux baux qui avoient précédé celui-là. Cet ordre est adressé au directeur des Aides et autres droits de l'élection de Senlis, pour qu'il empêche qu'on ne fasse aucun exercice chez les cabaretiers de Chantilly ni qu'on leur fasse payer aucun droit d'aides, même qu'on perçoive aucune chose des droits de sol pour livre sur tous les bois du crû de la forêt de Chantilly qui entrent dans la ville de Senlis, ainsi que ledit Chantilly en a été exempt dans les baux précédents. L'original de cette lettre de MM. les fermiers généraux est dans les archives de l'Hôtel de Condé, et c'étoit M. le Controlleur général qui l'avoit fait écrire lui-même par les fermiers généraux. C'est en vertu de cette lettre que le sieur de Sarrobert avoit deffendu sur peine de cachot à aucun cabaretier d'ouvrir sa porte aux commis aux Aides et qu'il a réitéré les mêmes deffenses toutes les fois que les fermiers des Aides ont voulu entreprendre d'en établir l'exercice à Chantilly.

« Lors d'une nouvelle ferme qui commença pendant la Régence, il y eut des sous-fermiers qui donnèrent des mémoires à M. Desmarets, controlleur général, dans lesquels ils exposoient que Chantilly n'étoit plus un hameau, mais qu'il étoit devenu un bourg considérable, où on bâtissoit beaucoup, et qu'on y faisoit des magasins considérables de vin et d'eau-de-vie ; que cela, et le versement qui s'en faisoit dans les environs, leur faisoit perdre plus de dix mille écus par an de droits. Feu S. A. S. avoit renvoyé cela à son Conseil et avoit chargé le sieur de Sarrobert de lui rendre compte de ce qu'il en pensoit. Il trouva au Conseil du Prince les esprits disposés à lâcher pied ; mais ayant représenté à S. A. S. de quelle conséquence il lui étoit de ne pas laisser perdre cette petite franchise et cette distinction unique dans le royaume, ce prince pria M. de Maillebois de présenter à M. Desmarets, son père, ledit sieur de Sarrobert, qui obtint de ce ministre tout ce qu'il demandoit pour Chantilly. Et M. Desmarets, pour laisser les choses dans l'ordre où elles avoient été jusqu'alors, fit indemniser par le Roy les sous-fermiers de la généralité de Paris de 2000 livres par an. S. A. S. deffendit cependant qu'il se fît des magasins de vin et d'eau-de-vie dans le païs dont le versement dans les lieux voisins pût donner lieu à de nouvelles contestations de la part des fermiers généraux, avec qui il fut convenu que, pour ces versements dans le voisinage de Chantilly, c'étoit leur affaire de faire veiller leurs gardes aux environs de Chantilly, et qu'on ne s'opposeroit pas à la punition qu'ils pourroient faire de ceux qui seroient pris en contravention.

« Ce prince ordonna en même temps au sieur de Sarrobert de ne plus souffrir les bandes de contrebandiers dans Chantilly, soit qu'ils y séjournassent ou y passassent simplement, et d'empêcher la contrebande qui pouvoit se faire par les bourgeois de Chantilly; s'il s'en est fait depuis, ç'a été en cachette et sans qu'on ait pu la découvrir. S. A. S. Monseigneur le comte de Charolais m'a renouvelé le même ordre depuis la mort de feu S. A. S. Monseigneur le Duc, et m'a ordonné de faire saisir les marchandises de contrebande et les déposer en lieu de sûreté, de punir les contrevenants du cachot, les chasser du païs et confisquer la marchandise au profit de qui S. A. S. ordonnera.

« L'indemnité de 2000 livres par an accordée aux fermiers de Paris pour dédommagement des droits de Chantilly fut continuée dans les baux suivants. Les fermiers généraux cependant recommencèrent encore à inquiéter Chantilly, disant toujours que c'étoit un bourg considérable qui leur faisoit perdre par an plus de dix mille écus de droits; plusieurs sous-fermiers de Paris ayant fait des offres au sieur de Sarrobert pour l'engager à ne plus soutenir cette exemption, S. A. S., à qui ledit sieur de Sarrobert en rendit compte, chargea M. de Fortia, chef de son Conseil, d'en parler de sa part au ministre, et l'exemption fut conservée; et dans un des derniers baux des fermes du royaume il y a un article où il est dit: Et sans que lesdits fermiers et sous-fermiers puissent prétendre aucune indemnité pour raison de non-jouissance des droits de Chantilly au cas qu'ils ne puissent pas les y établir.

« Cette possession où Chantilly s'est maintenu est fondée sur ce que ce n'est qu'un lieu propre à recevoir les équipages des seigneurs qui viennent faire leur cour à S. A. S. et chasser avec elle, ou des curieux que la beauté du pays y amène, le reste du lieu n'étant presque composé que de jardiniers, fontainiers, ouvriers de la maison, entreteneurs, pensionnaires ou autres qui sont tous censés domestiques de S. A. S.

« N'y ayant point d'exercice des Aides à Chantilly, les sous-fermiers se sont contentés jusqu'à présent, pour les eaux-de-vie qui y arrivent, que le sieur de Sarrobert signe les congés des eaux-de-vie quand elles sont arrivées. Et S. A. S. a ordonné, pour éviter les surprises, parcequ'il y en a déjà eu des exemples de la part de quelques habitans de Chantilly, que toutes les eaux-de-vie, de quelque part qu'elles vinssent, passassent à Senlis ou à Creil, et que le sieur de Sarrobert refuseroit de signer leurs congés s'ils n'étoient visés à un des bureaux de ces deux endroits là.

« A l'égard des logements des gens de guerre, il n'en a jamais été question à Chantilly parceque les lieux d'étapes où sont les couchées des troupes sont fixés à Luzarches et à Louvres, d'où à Pont, à Clermont et à Senlis, et que le peu de maisons et d'habitans qu'il y a à Chantilly ne pourroit pas le comporter.

« Avant l'année 1706 que le sieur de Sarrobert est venu s'établir à Chantilly, on avoit exempté de milice les garçons jardiniers de Chantilly et tout ce qui appartient à S. A. S. ; et comme il n'y avoit guères dans ce tems là d'autres habitans à Chantilly, on n'y avoit jamais entendu parler de milice. Le pays s'étant peuplé depuis à cause des travaux continuels, M. Bignon, qui avoit succédé à M. Phelypeaux dans l'intendance de Paris, demanda à Chantilly un milicien ; mais sur la représentation qui lui fut faite de la part de S. A. S., il en déchargea Chantilly. M. d'Argenvilliers, qui succéda à M. Bignon, prévint là dessus en assurant le sieur de Sarrobert qu'il ne demanderoit pas à Chantilly de milicien parcequ'il sçavoit bien qu'il en avoit toujours été exempt. M. de Harlay a continué cette exemption. M. d'Argenson, qui lui a succédé, avoit envoyé un ordre vers l'an 1740 pour demander un milicien, mais il a été prouvé que c'étoit une bévue faite dans les bureaux et que M. d'Argenson avoit signé sans y prendre garde. Cet ordre a été aussitôt retiré. M. de Brou et M. Bertier de Sauvigny, qui successivement ont succédé à M. d'Argenson dans l'intendance de Paris, n'en ont jamais demandé depuis ».

*
* *

L'impôt de la taille ne pesait donc pas lourdement sur les habitants de Chantilly. Il est vrai qu'il s'y ajoutait ordinairement d'autres impositions, de taux variable, suivant les besoins du Trésor : la capitation, taxe personnelle ; l'ustensile, impôt prélevé pour l'entretien des armées en campagne. En 1744, il y a 558 livres 2 sols à répartir sur 104 imposés : la taille, 313 l. 2 s. (y compris les frais de perception) ; la capitation, 109 l. ; l'ustensile, 136 l. En 1753, la capitation s'élève à 150 l. ; mais l'ustensile est en baisse, 20 l. seulement. En 1758, l'ustensile a disparu ; il est remplacé par une légère taxe de 2 l. pour l'équipement de la milice ; la capitation est de 135 l., et il y a un nouvel impôt de 4 sols pour livre, soit 27 l. 8 s. qui s'ajoutent aux 137 livres précitées, au total 164 l. 8 s. en plus de la taille. Cette somme est ainsi répartie sur 95 imposés :

Adrien Perrier, menuisier, 20 s. ; Alexandre Hédouin, maçon, 20 s. ; André Hédouin, 20 s. ; Augustin Dupuis, marchand, 3 l. ; Alexandre Legrand, maçon, 20 s. ; Barthélemy Duhamel, cabaretier, 4 l. ; Barthélemy Hautin, épicier, 40 s. ; Charles Fine, charron, 20 s. ; Charles Léger, taillandier, 20 s. ; Charles Perpette, charpentier, 20 s. ; Charles Hédouin, charpentier, 20 s. ; Charles Mô, maçon, 20 s. ; Charles Vaudier, menuisier, 20 s. ; Claude-Nicolas Maignan, tailleur de pierre, 20 s. ; Claude Noël, voiturier, 20 s. ; Claude Longuet, cabaretier pâtissier, 20 s. ; Denis Moreau, maçon, 20 s. ; Denis Moreau, marchand de dentelles, 4 l. ; Edme Belosse, détenteur du *Grand-Cerf*, 4 l. ; Edme Quénescourt, détenteur du *Cygne*, 4 l. ; Étienne Rollet, cabaretier, 20 s. ; Florent Diot, voiturier, 20 s. ; François Brebant, éventailliste, 20 s. ; François Moreau, maçon et cabaretier, 40 s. ; François Huret, cabaretier, collecteur de 1757, 3 l. ; François Lécuyer, maçon, 40 s. ; François Lécureuil, boulanger cabaretier, 40 s. ; François Gouverneur, cordonnier, 20 s. ; Gabriel Doucet, boucher, 3 l. ; Gilquin, bourrelier, 20 s. ; Guillaume Monard, pain-d'épicier, 20 s. ; Hubert Ransenne, perruquier, 20 s. ; Jacques Delaître, maçon, 1 l. ; Jacques Lefrançois, appareilleur, 40 s. ; Jacques Breton, tailleur d'habits, 20 s. ; Jacques Delaunoy, marchand et perruquier, 40 s. ; Jacques Armoise, cordonnier, 20 s. ; Jacques Baudet, scieur de long, 20 s. ; Jacques Vion, épicier, 40 s. ; Jacques Lucas, cabaretier et boulanger, 40 s. ; Jean-Baptiste Marlin, maréchal, 20 s. ; Jean Larose-Guillet, marchand de dentelles, 20 s. ; Jean Devaux, maçon et cabaretier, 40 s. ; Jean Duchâtel, tailleur de pierre, 20 s. ; Jean Duval, cabaretier et mercier, 20 s ; Jean Poulet, maçon et collecteur de 1758, 20 s. ; Jean Bahut, manouvrier, 20 s. ; Jean-Antoine Henneton, 20 s. ; Jean Caron, cabaretier, 40 s. ; Jean-François Delaitre, maçon, 20 s. ; Jean Dufray, couvreur, 20 s. ; Jean-Philippe Bonhour, éventailliste, 20 s. ; Jean Selbert, épicier, 40 s. ; Jean-François Beaucerf, tailleur de pierre, 20 s. ; Jean Lascret, cabaretier, 20 s. ; Jean-Pierre Trougard, tailleur de pierre, 20 s. ; la veuve Antoine Doucet, bouchère, 40 s. ; la veuve Pierre Devaux, cabaretière, 20 s. ; la veuve Simon, marchande et cabaretière, 40 s. ; Duchesne, cabaretier, 20 s. ; Louis Aubert, boulanger, 20 s. ; Louis Bonnefoy, épicier, 20 s. ; Louis Durost, tailleur de pierre, 20 s. ; Louis Guérin, 20 s. ; Louis Laville, 20 s. ; Louis Borniche, boulanger, 20 s. ; Louis Lécuyer, maçon, 20 s. ; Louis Salentin, marchand, 40 s. ; Louis Tholomé, manouvrier, 20 s. ; Louis Blochet, horloger, 20 s. ; Louis Trimolet père, tailleur de pierre, 20 s. ; Louis Trimolet fils, tailleur de pierre, 20 s. ; Martin Pinçon, maitre des *Trois-Pots*, 6 l. ; Mathieu Huret, épicier, 20 s. ; Michel Breton, boulanger, 20 s. ; Michel Trochu, cabaretier, 20 s. ; Nicolas Marchand père, paveur, 20 s. ; Nicolas Marchand fils, paveur, 20 s. ; Nicolas Herbet, tailleur d'habits, 20 s. ; Paul Allard, marchand de verres, 20 s ; Pierre Auvry, tonnelier, 20 s. ; Pierre Briolat, perruquier, 20 s. ; Pierre Bordier, serrurier, 20 s. ; Pierre Creton, détenteur de *l'Épée Royale*, 3 l. ; Pierre Salvin, charcutier et cabaretier, 4 l. ; Pierre Legendre, appareilleur, 20 s. ; Robert Mongé, menuisier, 20 s. ; Simon Feuillette, éventailliste, 20 s. ; M. Peyrard, gruyer, 20 s. ; M. Peyrard, concierge, 20 s. ; Mlle Charlotte-Elisabeth Peyrard, 20 s. ; Mlle Hanot, 20 s. ; M. Faget, 20 s. ; Mlle Marguerite-Désirée Tagarot, 20 s. ; Marie-Renée Lecourt, veuve de François Crevanlieu, 20 s.

En 1762, le Trésor royal est épuisé par la guerre de Sept Ans, et les impôts sont en hausse. Chantilly compte alors 161 feux. La taille est immuable, 300 livres, plus 13 l. 5 s. pour les frais de perception ; la capitation est fixée à 130 livres, auxquelles l'impôt de 4 sols pour livre en ajoute 26; mais voici du nouveau : quartier d'hiver, 70 l.; ustensile, 70 l.; réimposition, 75 l. 13 s.; imposition des milices garde-côtes, 10 l.; au total : 694 l. 18 s.

Les intendants tentèrent plus d'une fois d'élever le taux de la taille, et leur prétention rencontra longtemps la résistance acharnée du prince de Condé, jaloux de maintenir les privilèges de sa ville. « En l'année 1764, M. Bertier de Sauvigny, intendant de Paris, ayant augmenté la paroisse de Chantilly de 100 livres de taille, la taille cette année n'a pas été assise, S. A. S. ayant demandé que Chantilly soit remis à sa taille ordinaire de 300 livres, ce que M. l'intendant a promis de faire. En 1765, M. de Sauvigny a mis Chantilly à 310 livres au lieu de 300 que la paroisse a toujours été taxée. L'on n'a pas fait de rôle ni payé la taille. S. A. S. a demandé à M. de Sauvigny que les 100 livres d'augmentation pour l'année 1764 et les 10 livres pour l'année 1765 soient biffées du rôle, et que Chantilly soit remis à sa taille ordinaire; ce que M. l'intendant a fait; ensuite les rôles ont été faits, et il n'a plus été question de rien ».

En 1766, 154 feux sont soumis à la taille, et il y a quatorze privilégiés; la totalité de l'impôt est de 525 l. 10 s.; en 1767, elle est de 535 l. 10 s.; et de 592 l. 10 s. en 1768.

En 1778, la taille est toujours à 300 livres; le taux en est ainsi évalué : taille réelle (maisons en propre, à rente ou à loyer), à 1 denier 3/4; taille personnelle (revenus en loyer, exploitation de maison, ou en rentes actives, ou en bénéfices de commerce), à 3 deniers 1/2. Les « impositions du second brevet à 9 sols pour livre de la taille » produisent 140 livres. Le principal de la capitation est de 153 l. 15 s.; il s'y ajoute l'impôt de 4 sols pour livre, soit 30 livres. Enfin il y a un article « casernes », fixé à 12 livres. Au total, 645 l. 5 s.

L'année suivante, l'augmentation est énorme. Le prince de Condé a dû lâcher pied devant les justes réclamations de l'intendant, et le principal de la taille est porté à 600 livres. Le taux de la taille réelle est à 3 deniers 1/4; celui de la taille personnelle à 6 deniers 1/2; les frais de perception montent à 17 livres. Les « impositions du second brevet », calculées à

10 s. 6 d. 1/2 pour livre de la taille, produisent 325 livres. Il y a une « réimposition » de 6 deniers pour livre, soit 7 l. 5 s. L'article « casernes » est de 22 l. 10 s. Le principal de la capitation, calculée à 9 s. 6 d. pour livre de la taille, monte à 290 livres, auxquelles s'en ajoutent 58 produites par l'impôt de 4 sols pour livre. Le montant de l'impôt pour l'année 1779 est donc de 1,319 l. 15 s. Enfin je trouve une « capitation » de 1 l. 4 s. 6 d. par chaque domestique; le produit n'en est pas évalué. Le prince de Condé protesta tant et si bien que l'intendant finit par consentir une remise de 158 livres, ce qui ramena la totalité des impositions à 1.161 l. 15 s. En somme, l'accroissement était plus apparent que réel; le nombre des imposés étant alors de 195, la moyenne est encore faible, un peu plus de 6 livres par tête de bourgeois ou de commerçant, car (il convient d'insister sur ce point) s'il y a quelques privilégiés qui ne sont pas assujettis à l'impôt, nobles, prêtres, officiers du prince, la masse des ouvriers en est aussi exemptée. Voici la liste des imposés en 1779 :

Agathe Huret, épicière; Alexandre Hédouin, charpentier; Alexandre Legrand, cabaretier; Alexandre Perpette fils, compagnon charpentier; André Hédouin, compagnon maçon ; Antoine Mary, boucher, maison à loyer d'Étienne Lefèvre, boulanger; Antoine Peaucellier, cabaretier; Augustin Dupuis, bourgeois, logé chez son gendre; Barthélemy Duhamel, boucher; Barthélemy Hautin le jeune, épicier; Charles Albert père, marchand de bois ; Charles Albert fils, marchand de bois et tourneur, logé chez son père ; Charles Demoncy, charron ; Charles Hédouin, charpentier; Charles-Hubert Mô, maçon ; Charles Léger, taillandier ; Charles Perpette fils, charpentier ; Charles Rivière, maréchal, maison à loyer de Firmin Prez ; Charles Vaudier, menuisier ; Claude Dupuis, bourgeois, maison à loyer de la veuve Legrand ; Claude-Nicolas Richard, épicier, maison à loyer de la veuve Brochaud ; Claude Noël, voiturier et cabaretier; Clément Caillole et ses frères et sœurs, cabaretiers et marchands de toile ; Christophe Humblot, pelletier, maison à loyer de L. Monnaye ; Cyprien Perrier, cabaretier ; Denis Moreau, marchand de bois ; Denis Moreau le jeune, marchand de dentelles; Edme Belosse, marchand de bois ;

Edme Letellier, tourneur ; Étienne Lefèvre, cabaretier et boulanger, maison à loyer de la veuve Lefrançois ; Étienne Morel, tabletier, maison à loyer du s[r] Fanfare (Creton, dit) ; Firmin Prez, aux *Trois-Pots*, maison à loyer de Mme Cartelier ; François Boucher, chaudronnier, maison à loyer du s[r] Cruel ; François Camus, cabaretier et pâtissier ; François Chefdeville, tailleur de pierre ; François Brebant, ci-devant commis à la Manufacture ; François Gourdet, coutelier et épicier, maison à loyer du s[r] Dupuis ; François Gouverneur, maison à loyer du s[r] Dupuis ; François-Jacques Riquette, marchand, maison à loyer de M. Levasseur de Juilly ; François Lecomte, menuisier et marchand de bois ; François Moreau l'aîné, bourgeois ; François Moreau fils, marchand de bois ; François Muraine, bourgeois, maison à loyer de Mme Durost ; François Sarazin, tonnelier, maison à loyer des héritiers Viéville ; François Trouvain le jeune, cabaretier et boulanger, maison à loyer de B. Hautin ; François Vernon, charpentier ; Gilquin, bourrelier ; Guillaume Devaux, aubergiste, maison à loyer de Paul Devailly ; Guillaume Monard, marchand de pain d'épice, maison à loyer des héritiers Heurteux ; Guillaume-Pierre Leportier, taupier ; Henry Aubry, bourgeois ; Hubert Ransenne fils, épicier et mercier ; Jacques Baudet fils, charpentier, maison à loyer du nommé Patin ; Jacques Baudet, scieur de long ; Jacques Belosse le jeune, marchand de vin ; Jacques Delaitre, maçon ; Jacques Dupont, tailleur ; Jacques Poirée, boulanger ; Jacques Vion, épicier-mercier ; Jean Bahu, couvreur ; J. B. Boquet, tailleur et fripier, maison à loyer du s[r] Marchand ; J. B. Bordier, vitrier ; J. B. Monnaye, épicier, maison à loyer de Mongé, menuisier ; J. B. Petit, cabaretier, paulmier et marchand d'avoine ; J. B. Saligny, cordonnier, maison à loyer du s[r] Laville ; Jean Blondeau, bourgeois, maison à loyer de la veuve Lefrançois ; Jean-Charles Godiveau, épicier et fondeur, maison à loyer de la veuve Lefrançois ; Jean-Charles Sallembien, blanchisseur ; Jean Delaunoy, perruquier, maison à loyer de la veuve Aubry ; Jean Delaitre le jeune, détenteur du *Cygne*, maison à loyer de Claude Couvreur de Fleurines ; Jean-Étienne Martin, charcutier, maison à loyer du s[r] Cartelier de Paris ; Jean Fournier, bourgeois ; Jean-François Beaucerf, cabaretier ; Jean-François Ducerf, cabaretier, maison à loyer de Sulpice Garin ; Jean-Nicolas Larose-Guillet, bourgeois, maison à loyer de M. Bordier ; Jean-Hubert Henneton, tailleur et joueur de violon ; Jean Mauny, boucher, maison à loyer de M. Daix ; Jean Naze, jardinier à la Fourrière, maison à loyer du s[r] Cartelier ; Jean Tronchelle, tailleur, maison à loyer de la veuve Gravant de Sèvres ; Jeanne Robinot, épicière, ayant épousé le s[r] Barrier, maison à loyer de Louis Robinot ; Jérôme Dartois, menuisier ; Joseph Morin, charpentier ; Joseph Voisin, bourgeois, maison à loyer du s[r] Blampied ; la dame veuve Peyrard, gruyère (c'est-à-dire veuve du gruyer) ; la d[elle] Charlotte Peyrard, bourgeoise, maison à loyer de Mme Ardaillon ; Laurent Ferry, bourgeois, maison à loyer de Charles Albert père ; la veuve Ambroise Marozeau, marchande de bois, maison à loyer des demoiselles Lambert ; la veuve Alexandre Hédouin, maçon ; la veuve Alexandre Legrand ; la veuve Aimé Letellier ; la veuve Antoine-Nicolas Heurteux, bourgeoise, maison à loyer de Sulpice Garin ; la veuve Delaître, cabaretière aux *Trois-Pigeons* ; la veuve François Rimbert, bourgeoise ; la veuve Jacques Lefrançois, appareilleur ; la veuve Jean-François Brebant, épicière, maison à loyer de la veuve Peyrard ; la veuve Jean Marlin, maréchal ; la veuve Lefrançois, bourgeoise, logée chez le prince ; la veuve Lévêque, bourgeoise, maison à loyer du s[r] Devaux ; la veuve Louis Blochet, horloger, maison à loyer de Belosse le jeune ; la veuve François-Edme Salentin, bourgeoise, maison à loyer de Guillaume-Pierre Leportier ; la veuve Martin Pinçon, bourgeoise, maison à loyer de Charles Albert ; la veuve Sincerre, bourgeoise, maison à loyer de Fréta (Deville, dit) ; Bonnard, cabaretier et postillon, maison à loyer du s[r] Noël ; Bocquet, cabaretier, maison à loyer du s[r] Belosse ; Cazier, tailleur d'habits, maison à loyer du s[r] Huet ; Deshayes, brasseur, maison à loyer du s[r] Robinot ; Deshayes, perruquier, maison à loyer de François Moreau ; Lecœur, maître de danse, maison à loyer du s[r] Noël ; Hennequin, cabaretier aux *Trois-Couronnes*, maison à loyer de Nicolas Hautin de Marly ; Huet, pâtissier au *Coq*, maison à loyer du s[r] Vautier ; Leblond, gendre de Gilquin, bourrelier, maison à loyer des demoiselles Lambert ; Mazin, maçon, maison à loyer du s[r] Belosse ; Quyoue, linger, maison à loyer de Denis Moreau ; Vachette, tapissier, maison à loyer du sr Devaux ; Vartel, épicier, maison à loyer de J. Mary de Rully ; les Julien, marchands forains, maison à loyer de Bulidon ; Léonard Herbet l'aîné, marchand de pain d'épice, maison à loyer du sr Daix ; Léonard Herbet le jeune ; les demoiselles Lambert, bourgeoises ; le sr Antheaume, épicier, maison à loyer de Denis Moreau ; le sr Bellet, huissier, maison à loyer du sr Gilquin ; le sr Gravant, entrepreneur de la Manufacture, maison à loyer de Mme Peyrard ; le sr Laugier, parfumeur et distillateur, maison à loyer des héritiers de Robert Mongé ; le sr Manceau, commis du sr Moreau, maison à loyer de M. Lecomte ; le sr Pelisson fils, cabaretier, maison à loyer de Chocard ; le sr Perdrix, peintre, logé chez le prince ; le sr Peyrard, ancien concierge du château ; les héritiers de la veuve Aubry ; Louis-Antoine Perpette, maçon ; Louis Baudet, bedeau et charpentier, maison à loyer du sr Lorrain ; Louis Borniche, boulanger, maison à loyer de Guillaume Devaux ; Louis Bourgeonnier, charpentier ; Louis Bulidon, compagnon maçon ; Louis Camusot, boulanger, maison à loyer de Louis Bulidon ; Louis-Charles Toupet, serrurier, logé chez le prince ; Louis Debuire, piqueur de dentelles, maison à loyer de Denis Albert ; Louis Duhamel le jeune, cabaretier ; Louis Fasquel, cabaretier, maison à loyer de Charles Albert ; Louis Moreau et sa femme, marchands de dentelles, maison à loyer de Pierre Creton ; Louis Robinot, marchand de bois ; Louis Saligny, cordonnier et épicier, maison à loyer de L. Borniche ; Louis Vinchon, chapelier, maison à loyer de Charles Albert ; Marguerite-Désirée Tagarot, couturière, maison à loyer de la veuve Lefrançois ; Michel Lannuyer, hôtelier, maison à loyer de M. Toudouze (le *Grand-Cerf*) ; Michel Pelisson, épicier et cabaretier ; Nicolas Alix l'aîné, chaudronnier ; Nicolas Chocarne, ci-devant cabaretier, maison à loyer de M. Pelisson ; Nicolas Herbet, tailleur d'habits, maison à loyer de Louis Moreau ; Nicolas Lebel, cabaretier et marchand de rogomme, maison à loyer de Blampied ; Nicolas Marchand fils, tailleur, maison à loyer de René Marchand ; Nicolas-Pierre Mongé, menuisier, maison à loyer de la veuve de L. Mille ; Nicolas Saligny, cordonnier, maison à loyer de Rimbert ; Paul Remy, bourgeois, maison à loyer de Mme Aubry; Paul-Alexandre Tarlé, horloger, maison à loyer du sr Blampied; Pierre Auvry, tonnelier et marchand de vin; Pierre Bordier, serrurier; Pierre Bréhan, tailleur, maison à loyer de Perrier, jardinier: Pierre Briolat, bourgeois et marchand de bois; Pierre Cléret, marchand de poteries, maison à loyer de M. Devaux; Pierre Cléret, bourgeois, maison à sous-loyer de Riquier; Pierre Creton, dit Fanfare, bourgeois; Pierre Dusignon, tailleur et marchand de dentelles; Pierre Ducrocq, perruquier, maison de la veuve Lefrançois; Pierre Gambard, cordonnier, maison à loyer de M. Marchand; Pierre-Jean Devaux, marchand de dentelles; Pierre Ludeau, horloger, maison à loyer du sr Peyrard; Pierre Pillon, bijoutier, épicier, bonnetier, maison à loyer de François Brebant; Pierre Poulain, cabaretier, maison à loyer de Monard; Pierre Seguin, serrurier et marchand de poteries, maison à loyer de M. Guérin de Paris; Pierre Servaty, dit Champagne, menuisier, maison à loyer de Fréta; Pierre Trouvain, boulanger et cabaretier; Pierre Devailly, épicier, maison à loyer de Belosse; René Marchand, dit Cadet, paveur; Rieul Marot, épicier; Robert Lionnet, dessinateur, maison à loyer de C. Aillery; Sicaire Gravant, perruquier, maison à loyer du sr Peyrard; Simon Denos, maçon, maison à loyer de Denis Moreau; Sulpice Garin fils, boulanger; Théodore Latouche, marchand (épicier), maison à loyer du sr Lasne de Marly; Dromard, épicier, maison à loyer de la veuve Gravant de Sèvres; Lecomte, ayant épousé la veuve Laville, maison à loyer du sr Laville; Firmin Beaucerf, tailleur de pierre; la veuve Vanmerle, bourgeoise, maison à loyer de M. Guérin de Paris; la veuve Marchais, bourgeoise, maison à loyer du sr Ardaillon de Versailles; Durandot, à cause de la delle Ferry, sa femme; Louis Gabillot, cabaretier, maison à loyer de Denis Moreau; Gentil, peintre, maison à loyer de Denis Moreau; la veuve Poirée, blanchisseuse; Poncé, voiturier; François-Emmanuel Destrac, chirurgien; la veuve Gabriel Boucher, ayant épousé le nommé Lebon; Pierre-François Aillery.

Cette liste des imposés, qui ne comprend pas les employés du prince de Condé ni le personnel de la paroisse et de l'hôpital, nous donne, pour une population d'environ 1.500 habitants, 27 hôteliers et cabaretiers, 2 marchands de vin, un brasseur, 18 épiciers, 2 épiciers-merciers, 3 bouchers, 6 boulangers, 2 pâtissiers, 1 charcutier, 3 pain-d'épiciers, 8 marchands de bois, 4 marchands de dentelles, 1 piqueur de dentelles, 8 maçons, 2 tailleurs de pierre, 9 charpentiers, 5 menuisiers, 1 charron, 3 serruriers, 1 scieur de long, 2 maréchaux, 1 taillandier, 2 couteliers, 2 chaudronniers, 1 vitrier, 1 peintre, 1 couvreur, 1 paveur, 2 bourreliers, 5 cordonniers, 1 chapelier, 9 tailleurs, 2 couturières, 2 blanchisseurs, 4 perruquiers, 3 horlogers, 1 linger, 1 tapissier, 1 bonnetier, 1 parfumeur-distillateur, 1 pelletier, 1 tabletier, 2 tourneurs, 2 tonneliers, 1 taupier, 1 bijoutier, 1 marchand de toile, 2 marchands de poteries, 3 voituriers, une famille de marchands forains ; 32 bourgeois et bourgeoises, 1 chirurgien, 1 huissier, un maître de danse, l'entrepreneur de la Manufacture, 1 dessinateur, 1 artiste-peintre. L'impôt n'atteint pas le clergé, le maître d'école, le chirurgien et le chapelain de l'hôpital, le tribunal de Chantilly et le notaire, ni les officiers du prince : capitaine, lieutenants et inspecteurs des chasses, concierge du château, gruyer, architecte, etc ; ce sont les privilégiés.

*
* *

Aux impôts d'État viennent s'ajouter les droits seigneuriaux. Ils consistent surtout dans le cens qui grève à perpétuité le sol concédé par le seigneur ; nous avons vu, en étudiant les origines et la formation de la ville, que cette redevance est minime. Je ne vois pas d'autres droits féodaux appliqués à Chantilly. Le droit de déshérence, c'est-à-dire le profit pour le seigneur des biens des particuliers qui mouraient sans héritiers, n'avait guère d'occasions de s'exercer ; non plus que le droit d'aubaine, en vertu duquel les biens et effets des étrangers décédés revenaient au seigneur : je n'en ai trouvé qu'un seul cas dans tout le dix-huitième siècle. Par contre, je dois mentionner un droit qui était appliqué journellement et produisait un petit revenu.

De toute ancienneté, les marchandises qui étaient transportées par la chaussée de l'étang de Gouvieux avaient été soumises au péage, droit perçu pour le passage ou « travers » de la chaussée. Le produit en avait toujours été fructueux ; c'est à la

Chaussée que passait la grande route de Picardie. Lorsque le Grand Condé créa, vers 1680, la chaussée des Fontaines, qui devint en 1760 la route royale de Paris à Creil, cette voie nouvelle détourna une notable portion du trafic, et la perception du droit de travers fut assurée à l'endroit où la route pénétrait dans Chantilly.

De 1710 à 1716, le travers des Fontaines fut affermé pour 170 livres à Pierre Duchâtel. Au moyen-âge, c'était un chiffre d'une certaine importance ; au dix-huitième siècle, c'était peu de chose. C'est que le tarif n'avait jamais varié, semblable en cela aux taux d'autres droits qui restaient immuables en dépit de la richesse croissante et de l'augmentation du pouvoir de l'argent. En somme, ce péage ne grevait que faiblement les habitants de Chantilly et le commerce local.

Le 11 juillet 1739, le juge de Chantilly, Jacques de la Guépière, promulgua l'ordonnance suivante :

« Sur ce qui a été représenté par le procureur fiscal qu'il appartient à S. A. S. un droit de travers de la chaussée de Gouvieux et des Fontaines, dépendant de Chantilly ; qu'il apprend que le fermier de ce droit a des contestations avec les passans et repassans, les uns voulant refuser ce qu'ils doivent, et les fermiers voulant quelquefois exiger un plus grand droit, ce qui arrive parceque la pancarte des droits dus est ancienne et tirée au parisis, ce que le peuple n'entend pas bien ;

« Pour éviter les contestations, le conseil de S. A. S. a arrêté que la pancarte seroit renouvelée et attachée à un poteau qui seroit à cet effet planté ; et, pour l'exécution du résultat du conseil et éviter les contestations à l'avenir, il a requis qu'il nous plaise renouveler le tarif des droits de travers dus à S. A. S., et le tirer au tournois au lieu du parisis porté par la sentence du 14 octobre 1645 ;

« Sur quoy, nous, juge lieutenant, avons fixé et arrêté le tarif au tournois ainsi qu'il suit :

« Un chariot ou charrette chargée de blé, vin, huile, poissons, faux, faucilles, miel, bois de charpente, de chauffage ou mérien, flûtes, pots de terre, faïences et autres marchandises, doit un sol huit deniers tournois, à quoy revient les 16 deniers portés par l'ancien tarif ;

« Les chariots chargés de marchandises d'œuvres de poids comme airain, potain, fer, acier, lin, chanvre, laine et autres marchandises qui se vendent au poids, doivent cinq deniers par cent ;

« Pour chacun cuir, doit un denier ;

« Un chariot ou charrette chargée de plusieurs marchandises et denrées, se payent selon qu'elles sont ;

« Le chariot ou charrette chargée de coffres, doit cinq deniers pour chacun coffre ;

« Un cheval chargé de draps, pelleterie, friperie, toile, peaux, huile, miel, pots de grès, bouteilles, mercerie, chausses, souliers, talons, bled, foin, œufs, oignons et autres marchandises ou denrées, doit 10 deniers ;

« Un cheval vendu ou acheté doit dix deniers ;

« Un cheval chargé d'avoine, pois, fèves et autres grains, doit cinq deniers ;

« Un cheval de marée, un cheval qui a le panneau, le collier ou bât, doit 3 deniers ;

« Une malle doit cinq deniers ;

« Un colporteur doit pour son passage 5 deniers ;

« Une brouette doit trois mailles ;

« Un porc doit trois deniers ;

« Chaque bête à laine blanche doit un denier ;

« Chaque bête à laine noire doit trois deniers ;

« Le fil à col doit trois deniers ;

« Un verrier doit un verre et on luy doit à boire ;

« Un bateleur doit une chanson ;

« Et, pour le pied fourchu, chacune bête doit un denier obole ;

« Au payement desquels droits toutes personnes qui passeront et repasseront par ledit lieu de la chaussée de Gouvieux et par la chaussée de Chantilly, conduisant chariots, charrettes, bestes chevalines et autres cy dessus expliqués, excepté les nobles et privilégiés, seront contrains ès mains du fermier ou préposé à la recette desdits droits sous peine de 75 sols d'amende et des dommages et intérêts, et ce par saisie de leurs chevaux, harnois, marchandises et denrées qu'ils conduiront, conformément à la sentence du 14 juin 1645.

« Ce fut fait et arrêté au fief Tournebus à Senlis, audience séante, par nous juge susnommé, ledit jour 11 juillet 1739 ; et sera le présent tarif mis et affiché aux poteaux qui seront à cet effet plantés sur lesdites chaussées, à ce que nul n'en ignore ».

L'immense parc du prince de Condé, qui s'étendait de Chantilly à Apremont, et du pavillon de Manse à Saint-Firmin et Avilly, englobait Vineuil. La communication entre ces localités était assurée à travers le parc, dont les portes, toujours fermées, devaient être ouvertes jour et nuit à toute réquisition du public. Lorsque le prince Henri-Jules eut créé la porte des jardins de Beauvais, là où aboutit aujourd'hui la route de Vineuil, cette voie devint assez fréquentée, et des particuliers s'avisèrent d'éviter le péage de la chaussée des Fontaines « en passant par les jardins de Chantilly et par une porte qui donne dans le village près la maison du presbytère » (n° 10). Le fermier du droit de travers présenta une réclamation qui fut admise par le conseil du prince le 12 décembre 1743 : « Défenses qu'à l'avenir aucuns chevaux de somme ou bourriques puissent passer par la porte dont est question et par les jardins pour se soustraire au droit de péage ».

*
* *

Les franchises de Chantilly avaient été consacrées en 1681 par une lettre des fermiers-généraux, signée Raney et adressée au directeur des Aides à Senlis. De cette lettre les princes de Condé faisaient beaucoup d'état ; leur ville n'était pas soumise à l'exercice des commis des Aides, nous dirions aujourd'hui des employés de la Régie, et les marchandises y entraient en franchise.

Il est évident que le privilège dont jouissaient les commerçants de Chantilly devait les inciter à en tirer profit, c'est-à-dire à se livrer à la fraude. Celle-ci s'exerça surtout, et sur une vaste échelle, sur le trafic des eaux-de-vie. Il avait bien été convenu que les spiritueux amenés à Chantilly passeraient par les bureaux établis à Senlis et à Creil ; mais il n'y avait pas de quantités prévues, et les employés se bornaient à enregistrer tout ce qui passait, sachant en outre que la ville privilégiée en recevait par d'autres voies. Or les commerçants de Chantilly faisaient venir beaucoup plus d'eaux-de-vie qu'il n'en fallait pour la consommation locale, et, ne payant pas de droits, ils réalisaient de beaux bénéfices en les écoulant en fraude au dehors. C'est ainsi que dans l'espace de quatre mois, du 1er octobre 1776 au 31 janvier suivant, les bureaux de Senlis et de Creil enregistrèrent à destination de Chantilly 56 barriques d'eau-de-vie, faisant 3.324 veltes ou 26.592 pintes [1]. De ces 56 barriques, Hautin avait reçu 24, Devailly 18, Latouche 3, Monnaye 7, Robinot, Gourdet et Godiveau, une chacun. Les deux premiers tout au moins se livraient à un large trafic frauduleux.

Cette situation avait attiré depuis longtemps l'attention des fermiers-généraux, et ils chargèrent enfin le contrôleur ambulant Mahieu de la signaler à M. de Belleval, capitaine de Chantilly. Il le fit le 2 décembre 1777, en suggérant l'idée d'établir un bureau à la dernière maison de Chantilly vers Creil : « L'établissement de ce bureau ne peut porter atteinte à l'exemption des droits dont jouissent les habitans de Chantilly ; la fraude est si excessive que, d'après la compulsation faite du registre du bureau de Vineuil, l'on n'y remarque aucune déclaration d'enlèvement d'eau-de-vie depuis plus d'un an ». Mahieu proposait aussi la création d'un bureau à La Morlaye.

C'est en vain que M. de Belleval et M. Antheaume adressèrent des représentations aux marchands mis en cause. Du 19 septembre 1777 au 30 mai 1778, la Régie enregistra le passage de 45 barriques d'eau-de-vie adressées au seul Hautin (Nicolas-Barthélemy). L'abus devenait intolérable, et, dans le courant de 1778, M. de Verdun neveu, fermier-général au département des Aides, proposa au prince de Condé « d'assujettir les eaux-de-vie destinées pour Chantilly au payement de tous les droits à l'enlèvement et au passage, sauf à la fin de l'année à restituer les droits sur la quantité que S. A. S. auroit fixée pour la consommation des habitans de Chantilly ».

Le prince comprit la nécessité d'une règlementation qui

---

[1] *Velte*, s. f. — Ancienne unité de mesure contenant 8 pintes de 48 pouces cubes chacune, la même que le septier, et valant 7 litres 61. L'habitude de compter par velte fait aussi donner ce nom à une mesure de 8 litres (Littré, *Dictionnaire de la Langue française*).

arrêtât la fraude tout en respectant les franchises de Chantilly, et il chargea le procureur-fiscal, M. Antheaume, de faire part de ses dispositions à la Compagnie des Fermes. Les pourparlers traînant en longueur par les lenteurs des fermiers-généraux, qui désiraient profiter de l'occasion pour atteindre les franchises de Chantilly sur d'autres objets, le prince s'impatienta, et M. Antheaume dut marquer le mécontentement du maître à M. de Verdun, qui ne répondit pas avant le 11 août 1779 : « J'ay reçu, Monsieur, la lettre que vous m'avés fait l'honneur de m'écrire de la part de S. A. S. Monseigneur le prince de Condé relativement aux eaux-de-vie destinées pour Chantilly. J'ay eu l'honneur de vous marquer, le 27 mars dernier, qu'ayant rendu compte à la Ferme générale des dispositions où étoit S. A. S. de faire fixer par un arrêt du Conseil la consommation de Chantilly à 2000 veltes d'eau-de-vie, le comité des Aydes avoit trouvé cette fixation hors de toute proportion eu égard à la population de Chantilly, qui, suivant les sextés des gabelles, n'excédoit point 1500 habitans. Comme cette lettre est restée sans réponse, j'ay cru que S. A. S. avoit pensé devoir remettre à un autre temps la consommation de cet arrangement, et d'autant mieux qu'on m'avoit assuré qu'il s'étoit élevé à Chantilly de nouvelles difficultés relativement aux droits de la marque d'or et d'argent et à ceux sur l'amidon, et sur les papiers et cartons, qui se régissent pour le compte du Roy. Je présumois qu'un même arrangement termineroit tous ces différents objets. Mais par votre dernière lettre je vois, Monsieur, que l'intention de S. A. S. seroit de consommer ce qui concerne la partie des eaux-de-vie ; la Ferme générale s'y prêtera avec empressement, pourvu que la fixation qui sera faite soit proportionnée au nombre effectif des habitans de Chantilly ; on assure que cette population ne va pas au delà de 1800 personnes. Je vous prie de vouloir bien me mettre à portée de discuter par des résultats sûrs et exacts cet objet vis-à-vis de la Ferme générale. C'est une affaire de fait, qui par conséquent ne devroit souffrir aucune difficulté ».

L'accord fut conclu sur 1.500 veltes, dont le prince de Condé ferait la répartition chaque année entre les marchands de Chantilly. Le premier état fut dressé, pour l'année 1779, le 2 juin 1780 : il fut attribué à Hautin, Latouche, et Devailly,

250 veltes chacun ; à Dromart, 150 ; à Huret, Gaudiveau, Ricquier, Vion, Ransenne, et Gourdet, 100 chacun.

En cette année 1780, la ferme générale des Aides fut supprimée. « Depuis le 1er octobre 1780, époque du commencement de la Régie, les eaux-de-vie à la destination de Chantilly sont arrivées sans payer de droits ; mais depuis le 10 décembre dernier (1783), cette perception a été de nouveau ordonnée, ce qui force S. A. S. Mgr le prince de Condé à demander à MM. les régisseurs-généraux que les privilèges dont jouissent de temps immémorial les princes de sa maison soient rétablis, en conséquence que les eaux-de-vie à la destination de Chantilly arrivent comme par le passé sans payement de droits ». Et la querelle recommença.

La solution pouvait être facilitée par l'amitié qui liait M. de Bry, un des régisseurs-généraux des Droits du Roi, avec M. Michel, administrateur-général du prince de Condé [1]. Ils convinrent que les eaux-de-vie amenées à Chantilly seraient soumises au droit commun, qu'à la fin de chaque année les droits seraient remboursés jusqu'à la concurrence de 1.500 veltes, « dont on déduira une quantité fixe pour la consommation du château, et le surplus sera divisé aux marchands et particuliers que S. A. S. voudra favoriser ».

Cet arrangement ne fut pas accepté par le prince de Condé ; il tenait avant tout à maintenir les franchises de sa ville et ne voulait pas entendre parler du droit commun, c'est-à-dire de la visite des commis et de l'exercice de la Régie. L'arrêt du Conseil du Roi en date du 1er mars 1785 lui donna satisfaction ; il n'autorisait l'entrée que des 1.500 veltes d'eau-de-vie estimées suffisantes pour la consommation locale, et ces 1.500 veltes étaient exemptées de tout droit.

Si le maintien des franchises constituait pour les habitants un appréciable privilège, il interdisait l'établissement à Chantilly de toute industrie ou d'un commerce assez important pour

---

[1] Un document de 1771 le désigne ainsi : « Nicolas-Léopold Michel, écuyer, receveur-général des fermes de Lorraine, commissaire-général de S. A. S. Mgr le prince de Condé, secrétaire de ses commandements, garde des sceaux, conseiller au Conseil et administrateur de ses finances ».

chercher des débouchés au dehors. Et tout d'abord l'arrêt du 1er mars 1785 était un arrêt de mort pour le commerce des eaux-de-vie, et ce fut aussitôt une levée de boucliers chez les marchands de Chantilly, menés par le sr Hautin ; ils accablèrent de mémoires et de réclamations le prince de Condé et le ministre, et introduisirent même une action en justice à l'encontre de l'arrêt du Conseil. M. de Calonne prit la précaution de signaler au prince les inconvénients qui pouvaient résulter de cette attitude :

« Monseigneur, Votre Altesse Sérénissime a été vraisemblablement informée de l'obstacle que 19 habitans du lieu de Chantilly, faisant le commerce d'eau-de-vie, prétendent apporter à l'exécution des articles arrêtés au Conseil le 1er mars 1785, de concert avec Votre Altesse Sérénissime, pour fixer la consommation d'eau-de-vie à Chantilly et y faire cesser les approvisionnemens abusifs. Je suis instruit que ces commerçans ont présenté une requête à la Cour des Aydes, qu'ils ont demandé la permission d'y faire assigner le régisseur-général relativement à des eaux-de-vie dont ses employés ont empêché l'introduction dans Chantilly en conformité des articles arrêtés au Conseil, et qu'ils demandent aussi la faculté d'en laisser entrer en telle quantité qu'ils jugeront à propos d'en faire venir pour leur commerce, aux offres par eux d'acquitter tous les droits sur ces eaux-de-vie.

« Ces demandes, Monseigneur, si elles étoient accueillies par la Cour des Aydes, entraineroient la nécessité des exercices des employés dans Chantilly. Sous ce point de vue j'ai lieu de penser que Votre Altesse Sérénissime s'occupe des moyens d'en arrêter l'effet ; il seroit à désirer qu'Elle eût la bonté de me faire connoître quelles sont ses dispositions à cet égard, afin que je pusse diriger en conséquence la conduite que les régisseurs-généraux pourroient avoir à tenir s'ils étoient traduits à la Cour des Aydes » (Paris, 19 avril 1785).

Dans le même temps, les commerçants visés adressaient au prince de Condé un mémoire extrêmement développé (17 pages in-folio). Le prince le remit à M. Antheaume, qui le renvoya le 10 mai avec ses observations ; en voici quelques-unes : « 1° Le commerce des eaux-de-vie à Chantilly a toujours été un abus ;

la franchise accordée à ce lieu ne s'est jamais entendue que de la consommation des habitans.... 3° Effectivement le nouvel arrangement doit éteindre le commerce des eaux-de-vie de quatre marchands ; mais cette branche n'est point la seule sur laquelle ils fondent leur spéculation.... 4° Les facultés politiques de Chantilly n'ont jamais pu dépendre du commerce des eaux-de-vie ; c'est une erreur que de le croire ; mais il est permis aux marchands de penser ainsi ; l'intérêt qu'ils ont à voir subsister ce commerce peut les y porter.... 6° Aucun lieu du royaume ne peut se comparer à la situation actuelle de Chantilly ; les droits du Roi sont percevables partout, excepté dans ce lieu. Partout il y a des exercices, des commis, des bureaux d'aides, et généralement tout ce qui est nécessaire pour empêcher la fraude ; Chantilly est exempt de ces inquiétudes continuelles, et la tranquillité dont on y jouit a donné lieu au commerce abusif qui s'y est fait depuis longtems. Cette liberté que l'on réclame avec tant d'énergie ne peut donc point avoir lieu dans un pays où le commerce ne peut être surveillé comme l'exige celui-ci.... 7° On ne peut s'empêcher de convenir que cet événement doit causer une perte réelle à plusieurs marchands ; mais mal à propos fait-on parler les habitans de Chantilly, puisqu'ils ne peuvent jamais tirer aucun avantage de ce commerce, seroit-il trois fois plus étendu. Si d'un côté la décision du 1er mars retranche le commerce de quelques marchands, d'un autre elle est toute en faveur des habitans ; on y rétablit la franchise comme elle étoit dans l'origine, et ils en jouiront sans être sujets à l'esclavage des exercices.... Mathieu Vandessel n'a acheté son fonds que 100 louis ; ce que l'on avance à cet égard n'est point exact [1].... 9° Nous savons à quoi nous en tenir sur la question de savoir qui a rendu Chantilly florissant et qui l'a amené au degré d'abondance où il est. Il est tout aussi ridicule de dire que ce beau lieu deviendra l'asile de l'inertie et de la misère s'il est privé du commerce des eaux-de-vie ; au surplus, ces assertions

---

[1] Le mémoire disait : « Mathieu Vandessel, l'un des suppliants, établi seulement depuis un an, est marié et a cinq enfans. Il a acheté son fonds 35.000 livres ; il a 700 livres de loyer, et il se trouve ruiné sans ressource en perdant son commerce ».

tombent d'elles-mêmes.... 12° Son Altesse Sérénissime n'a pas eu besoin des représentations du régisseur pour connoître l'étendue de la fraude faite par les marchands de Chantilly; elle s'en est fait rendre compte à diverses époques, et, sans égard pour ses ordres, les marchands n'ont cessé d'accroitre cette fraude, au point qu'elle a effectivement donné lieu à la décision du 1er mars. Les soumissions, les lettres de voiture, les certificats de décharge et autres précautions, quoi qu'en disent les marchands de Chantilly, n'ont jamais pu mettre ordre à ce désastre; la preuve en est que plusieurs marchands, ne voulant pas faire connoître l'étendue de leur consommation, ont fait venir des eaux-de-vie sous des noms inconnus.... 13° La somme de 58.000 livres payée par les marchands de Chantilly peut être très exacte, mais elle ne prouve pas qu'ils n'ont pas été des fraudeurs; car, si on s'en rapporte à la consommation qu'ils ont faite, ils auroient dû payer plus de 600.000 livres dans le même espace de temps.... 17° Si le régisseur craint que les marchands d'eau-de-vie en introduisent dans la capitale, il y est bien fondé; un quart au moins de la consommation qui s'est faite jusqu'à présent a été destiné directement ou transféré de Chantilly à Paris; et, quoi qu'en disent les marchands de Chantilly, ils ont bien plus d'intérêt à faire cette fraude que d'exporter dans les environs... ».

Le 25 mai, le prince de Condé signa « l'état de distribution des eaux-de-vie qui doivent arriver en franchise à Chantilly conformément à la décision du Conseil du Roi du 1er mars 1785, dont la consommation a été fixée à 1000 veltes pour le restant de la présente année; savoir, aux particuliers habitans de Chantilly : M. de Franclieu, 30 veltes; M. Bourgeois [1], 30; le sr Haymond, suisse du château, 15; la dame Augustin, 15; l'hôpital de Chantilly, 15; M. Lejeune, 15; la dame Latouche, 15; le sr Blampied, dit la Senne, 15; — aux marchands épiciers

---

[1] Jean-François-Anselme de Pasquier, comte de Franclieu, seigneur de La Chapelle-en-Serval, venait de succéder dans les fonctions de capitaine à son beau-père Antoine de Belleval, mort le 11 juin 1785. — Jean-François Bourgeois était le principal concierge (régisseur) du château; sa fille épousa, le 11 septembre 1777, André-Joseph Antheaume de Surval, procureur-fiscal-général des châtellenie et grurie de Chantilly.

et autres débitans : Dromard, Barrier, Mathieu (Vandessel), Ransenne, Morel, Laville, Fée, Peaucellier, Vion, Gourdet, Lecomte, Hautin, Cléret, Toussaint (Bougon), Devailly, Gaudiveau, Fontaine, 50 veltes à chacun d'eux ».

Le 9 août, M. de Calonne écrivait de nouveau au prince de Condé : « Par la réponse dont V. A. S. m'a honoré le 26 du mois d'avril, Elle a eu la bonté de me mander qu'Elle avoit pris les moyens qu'Elle avoit cru les plus propres pour arrêter cette affaire et qu'Elle y étoit parvenue. Ces marchands d'eau-de-vie ont paru pendant quelque temps avoir abandonné leurs demandes ; mais je viens d'être informé qu'ils les renouvellent et qu'ils ont obtenu, le 26 juillet dernier, à la cour des Aydes un arrêt qui traduit le Régisseur général en cette cour. Cet arrêt sera sans doute venu à la connoissance de V. A. S. Je la supplie de vouloir bien m'instruire de ses dispositions dans la circonstance actuelle ; je la supplie aussi de vouloir bien considérer qu'il est instant de mettre le Régisseur général à l'abri de toute poursuite ». Le prince de Condé ne perdit pas de temps, car, le 11 août, quatorze marchands déclarèrent se soumettre aux articles de la décision du conseil en date du 1er mars : « N'entendant en aucune façon former d'instance contre les régisseurs généraux, et nous désistant de celles qui auroient pu être formées à notre requête, nous attestons en outre que l'exercice des Aides seroit infiniment préjudiciable à notre commerce s'il étoit établi dans ce lieu ». Suivent les signatures : Vion, Dromard, Mathieu Vandessel, veuve Ransenne, Bougon, Laville, Lecomte, Gourdet, Fée, L. Salligny, Cléret l'aîné, Marot, Devailly, Fontaine. — Ce désistement se produisait d'ailleurs un peu tard, car, dès le lendemain, la cour rendait un arrêt provisoire autorisant les marchands de Chantilly à continuer leur commerce d'eau-de-vie, à la charge de payer tous les droits. L'arrêt était rendu contre le régisseur-général Henri Clavelle, qui avait fait défaut.

Les marchands de Chantilly s'adressèrent encore une fois au prince de Condé et au régisseur-général, implorant l'autorisation de faire le commerce d'eau-de-vie en payant tous les droits. Ils reçurent la réponse suivante de M. Berton, directeur de la Régie à Senlis : « Vous pourrez avoir des magasins aux lieux circonvoisins de Chantilly pour y vendre les eaux-de-vie en gros ou en détail, mais il n'entrera pas une goutte d'eau-de-vie dans Chantilly au delà des 1500 veltes ».

Pour en finir, le prince de Condé chargea son Conseil de préparer un projet de lettres-patentes à obtenir du roi. L'abbé Tandeau, chef du Conseil, étudia aussitôt la question, et, le 16 décembre, il demanda des explications à M. Antheaume : « Je vois bien qu'il est permis de faire entrer 1500 veltes d'eau-de-vie à Chantilly sans payer aucun droit, mais je ne vois pas qu'il soit permis ou défendu d'en faire entrer une plus grande quantité en payant les droits. Je ne peux pas croire qu'il faille défendre l'introduction de l'eau-de-vie au delà de 1500 veltes ; il me semble que l'intérêt de la Ferme et celui de S. A. S. s'y opposent également. L'intérêt de la Ferme n'est pas d'empêcher l'entrée des eaux-de-vie, mais il consiste à ce que les droits soient payés si on en fait entrer au delà des 1500 veltes. L'intérêt du prince n'est pas de prohiber le commerce d'eau-de-vie ; c'est tout le contraire ; car plus il y aura de commerce, plus la population augmentera, plus les habitans seront riches ; mais ce qui intéresse réellement S. A. S., c'est que les employés n'entrent pas à Chantilly pour exercer et faire la visite.... Si les employés résidant à Vineuil peuvent s'assurer, sans aller exercer et faire la visite à Chantilly, qu'il n'y entre rien au delà des 1500 veltes, ces mêmes employés pourront de même s'assurer que tout ce qui entrera au delà des 1500 veltes aura payé les droits... ». Le brave abbé fut battu, et l'entêtement du prince de Condé triompha par les lettres-patentes données à Versailles le 30 avril 1786, registrées en la Cour des Aides le 19 mai, et aussitôt imprimées par Knapen, libraire-imprimeur de la Cour des Aides, au bas du Pont-Saint-Michel. En voici la teneur :

« Louis, par la grâce de Dieu roi de France et de Navarre, à nos amés et féaux conseillers les gens tenant notre Cour des Aides à Paris, salut. Les visites et exercices des employés qui se font dans tous les lieux sujets aux droits d'aides n'ayant jamais eu lieu, de fait, à Chantilly, il en est résulté des abus préjudiciables à nos droits, en ce que plusieurs habitans y ont fait arriver, sous prétexte de leur propre approvisionnement, des quantités considérables d'eau-de-vie, qui ont été reversées ensuite, en fraude, soit dans la ville et l'élection de Paris, soit dans la Picardie. Pour y remédier, en laissant néanmoins subsister l'usage suivi jusqu'à présent, dont notre très cher et très amé cousin le prince de Condé nous a demandé avec instance la conservation, nous avons jugé nécessaire de déterminer la quantité d'eau-de-vie dont ledit lieu de Chantilly pourra être approvisionné annuellement, en la fixant en raison de sa population actuelle, sauf à l'augmenter en proportion de l'accroissement qui y surviendroit. A ces causes, et autres à ce nous mouvant, de l'avis de notre conseil et de notre certaine science, pleine puissance et autorité royale, nous avons ordonné, et par ces présentes signées de notre main ordonnons ce qui suit :

« Art. I. Pour empêcher qu'à la faveur de l'ancien usage observé à Chantilly en ce qui concerne les paiemens des droits d'Aides et exercices d'employés, il ne soit fait des approvisionnemens excessifs d'eau-de-vie dans cette paroisse, nous ordonnons qu'à l'avenir il ne pourra être destiné pour Chantilly et y arriver que quinze cens veltes d'eau-de-vie simple par chacun an, quantité à laquelle a été fixée la consommation annuelle de ses habitans, sauf à l'augmenter par la suite si elle étoit reconnue insuffisante, par comparaison à la consommation des lieux circonvoisins, dans la proportion de la population respective.

« Art. II. Les seules personnes désignées dans l'état qui sera envoyé tous les ans par notre cousin le prince de Condé pourront faire arriver les quantités d'eau-de-vie pour lesquelles elles seront comprises dans ledit état, et jusqu'à concurrence de quinze cens veltes au total ; et lesdites personnes seront tenues de faire, au bureau général des Aides de Senlis, les déclarations et soumissions ordonnées par les lettres-patentes du 2 mars 1728, formalités sans lesquelles il ne pourra être reçu, au lieu d'enlèvement ou premier bureau de passage, aucune déclaration, ni être délivrée aucune expédition pour des eaux-de-vie à la destination de Chantilly.

« Art. III. Les eaux-de-vie destinées, comme il est dit dans l'article précédent, pour Chantilly, seront, à leur arrivée et avant d'y entrer, vérifiées et reconnues par les employés du bureau des Aides de La Morlaye, auxquels les expéditions seront remises, pour être délivrés par eux tous certificats d'arrivée nécessaires.

« Art. IV. Dans le cas où quelque personne voudroit faire arriver, au lieu d'eau-de-vie simple, de l'eau-de-vie double ou rectifiée ou de l'esprit-de-vin, sa fixation particulière sera alors diminuée de moitié si c'est de l'eau-de-vie double ou rectifiée, et des deux-tiers si c'est de l'esprit-de-vin, la consommation ayant été fixée à quinze cens veltes sur le pied d'eau-de-vie simple, c'est-à-dire au dessous de 22 degrés de l'aréomètre de Cartier.

« Art. V. Il ne pourra être établi dans le lieu de Chantilly aucune fabrique d'eau-de-vie de vin, marcs, lies, bessières ou toute autre matière ».

Chaque année, l'état de distribution des 1.500 veltes d'eau-de-vie fut dressé par les soins de M. Antheaume de Surval et signé par le prince de Condé. Les compétitions étaient vives, et la liste des bénéficiaires est longue. Disons seulement que, de 1786 à 1791, les épiciers et débitants ne se virent guère attribuer, à chacun et par an, plus de 60 veltes d'eau-de-vie ; c'était loin des 28.260 veltes que le s[r] Hautin avait emmagasinées en 1784, année où il était entré 52.000 veltes à Chantilly. Ajoutons que, de ces 1 500 veltes, le prince de Condé ne prenait rien pour lui ni pour les gens de sa maison, et que le dernier état de répartition fut par lui signé à Turin le 31 décembre 1790.

Le dossier conservé au Musée Condé prend fin avec une lettre adressée par M. Berton, le 9 février 1791, à M. Antheaume, maire de Chantilly : « Je supplie messieurs les officiers municipaux d'insister auprès des débitants de Chantilly sur l'obligation de ne commettre aucune contravention qui puisse porter atteinte à une loi dont je me ferai un devoir de maintenir l'exécution jusqu'au nouveau mode des impositions, que je crois très prochain ». La fraude avait en effet recommencé ; mais Chantilly allait rentrer dans le droit commun.

*
* *

Le 25 avril 1780, M. Necker écrivait au prince de Condé :

« Monseigneur, je vois par la lettre dont V. A. S. m'a honoré tout le désir qu'Elle a de conserver aux habitans de Chantilly l'usage qui s'est introduit de ne faire chez eux aucune visite domiciliaire pour la conservation des droits du Roy. Je désire plus que personne de faire tout ce qui peut plaire à V. A. S. lorsque les intérêts du Roy et la justice de la concurrence due au commerce le permettront. V. A. S. m'a fait l'honneur de me mander que si un de ses habitans étoit justement accusé de quelque contravention, Elle préviendroit toutes les difficultés en donnant ses ordres pour le faire sortir de Chantilly. Elle m'a fait aussi l'honneur de me dire, relativement à la permission que je lui avois demandée pour faire faire des visites chez le nommé Morel, orfèvre, qu'Elle avoit recommandé à ses officiers de souffrir et de faire les visites toutes les fois qu'ils en seroient requis.

« D'après les précautions que V. A. S. veut bien prendre pour éviter les fraudes, je ne vois, Monseigneur, d'essentiel que les visites à faire chez le s[r] Morel, parcequ'elles intéressent la foi publique. Il est très constant qu'il vend des ouvrages qui n'ont point été essayés et qui, par conséquent, peuvent être à un titre plus bas que celui prescrit par les ordonnances. Les régisseurs s'en sont procuré la preuve en faisant acheter chez lui des boucles d'argent qui ne se sont trouvées marquées ni du poinçon de jurande ni de ceux de la régie. Ainsi il me paroît nécessaire de faire faire chez cet orfèvre, et chez tous ceux qui pourroient faire commerce d'ouvrages d'or et d'argent, les visites ordonnées par la déclaration du Roy du 26 janvier 1749. Ces visites ne peuvent se faire qu'avec l'assistance d'un officier de justice, et je n'ay pas pensé qu'elles fussent dans le cas de déplaire à V. A. S., dont au surplus j'attendray les ordres à cet égard.

« Je ne peux me dispenser d'informer V. A. S. d'un autre abus qui s'est établi à Chantilly et que vraisemblablement Elle ignore. Il est détaillé dans le mémoire que j'ay l'honneur de mettre sous ses yeux. Si Elle veut bien s'en faire rendre compte, Elle verra qu'il ne peut être établi de fabrique d'amidon sans la permission du Conseil, et qu'à la charge d'exécuter les règlements et de souffrir les visites. Elle verra également les inconvénients que l'établissement des amidonniers à Chantilly occasionne pour les autres amidonniers qui acquittent les droits. Je supplie V. A. S. de vouloir bien me faire part des ordres qu'Elle aura jugé à propos de donner à ce sujet, et de me permettre de lui adresser successivement les différents mémoires qui pourront m'être remis sur des abus semblables, puisqu'Elle veut bien s'occuper de les réprimer ».

A la lettre de M. Necker était joint le mémoire suivant :

« L'imposition du droit sur l'amidon, créé par l'édit du mois de févrîer 1771, est générale ; toutes les provinces du royaume y ont été généralement assujetties, et il n'en est aucune où le droit n'ait été établi.

« L'article 3 de cet édit restreint irrévocablement la permission de fabriquer de l'amidon dans le royaume, pays, terres et seigneuries de l'obéissance du Roy, aux villes, bourgs et lieux où il s'en fabriquoit alors, et réserve à S. M. d'étendre ladite permission dans d'autres lieux, lorsque le cas et les circonstances l'exigeront.

« Les villes et lieux où il se fabriquoit des amidons lors de la publication de l'édit, sont par conséquent les seuls où il soit permis de continuer d'en fabriquer ; partout ailleurs la fabrication est interdite, et personne ne peut s'y établir amidonnier sans en avoir obtenu la permission du Conseil.

« Le bourg de Chantilly est dans ce cas. Il n'y avoit aucun amidonnier lors de la publication de l'édit, et jamais il ne s'y étoit fabriqué d'amidon ; il ne pouvoit donc s'y en établir depuis sans la permission du Conseil.

« Cependant il y a environ dix-huit mois qu'un s[r] Warmé, ci-devant contrôleur de la régie des Droits réunis, a levé dans ce bourg une amidonnerie dans laquelle il tient 20 trempes continuellement en travail, dont il vend l'amidon à Senlis, Pont-Sainte-Maxence, Montdidier, Clermont et autres lieux circonvoisins, même à Paris, où il en a fait passer depuis peu 200 livres sans payer aucuns droits.

« Un nommé Laugier, ci-devant parfumeur à Paris, vient également de se retirer dans ce bourg, où il a construit une assez grande amidonnerie dans laquelle il occupe quatre ouvriers et 60 trempes, dont il fait passer l'amidon tant dans les différentes provinces du royaume qu'à l'étranger ; il étoit même occupé dans les premiers jours de ce mois à préparer un envoi de poudre à poudrer pour Pétersbourg.

« Ces deux particuliers n'ont pu s'établir amidonniers à Chantilly sans en avoir obtenu la permission ; ils ne l'ont pas demandée au Conseil, et personne à Chantilly n'a pu autoriser leur établissement, puisque le Roy s'est réservé à lui seul le droit d'étendre ces établissemens dans les lieux où il n'y en avoit pas précédemment. L'entreprise de ces particuliers est donc une désobéissance aux ordres du Roy qui mérite d'être réprimée. Ils n'ont imaginé de faire ces établissemens que parcequ'ils ont regardé Chantilly comme un lieu exempt et privilégié dans lequel ils seroient à l'abri de tout exercice... ».

Le mémoire expose ensuite les raisons pour lesquelles l'édit de 1771 a limité à des lieux déterminés la fabrication de l'amidon et de la poudre à poudrer; il insiste sur la concurrence déloyale faite par les amidonniers de Chantilly à ceux de la capitale, etc., etc.; il montre que le lieu de Chantilly ne peut convenir à la fabrication de l'amidon, et il se termine par cette phrase : « Ces considérations sont trop fortes pour ne pas exciter l'attention de M. le Directeur général des Finances, et l'on a lieu d'espérer qu'il voudra bien insister pour que les particuliers qui se sont établis à Chantilly sans titre et sans permission, soient tenus de cesser leur fabrication et d'acquitter les droits sur tous les amidons soit fabriqués soit en cours, sauf à eux à transférer leur fabrique à Senlis ou ailleurs après en avoir obtenu la permission du Conseil ».

Le 29 avril 1780, M. Michel écrivit à M. Antheaume de Surval : « J'ai l'honneur de vous envoyer de la part de S. A. S. copie d'une lettre qui lui a été écrite par M. Necker, avec un mémoire qui y étoit joint.... S. A. S. me paroît décidée à faire défense à ces deux particuliers de continuer leur commerce ou à les obliger à quitter Chantilly plutôt que d'y souffrir l'exercice des commis à la perception des droits sur l'amidon, et l'établissement d'aucune perception de droits dans ce lieu, qu'il regarde toujours privilégié. Je ne suis pas du même avis; je pense au contraire que, pour le bien de Chantilly et l'avantage de S. A. S., il est d'un intérêt connu qu'il faut y favoriser des établissemens qui répandent de l'argent, occupent des bras, augmentent la consommation et par conséquent la valeur des propriétés des vassaux de S. A. S. et des siennes propres; mais qu'il faut en même temps que le commerce y soit assujetti aux droits que l'on ne pourra éviter de payer, et que les commerçants y suivent les règlemens et ordonnances auxquels les sujets du Roi ne peuvent se soustraire dans aucun lieu du royaume. Si S. A. S. persiste à ne vouloir souffrir ni l'acquit des droits ni les visites et exercice d'aucun employé, les marchands et fabricants qui existent seront obligés d'abandonner leurs établissemens à Chantilly, qui, au lieu d'augmenter, diminuera et ne sera à la suite qu'un refuge de fainéants et de mauvais sujets. Telle est ma façon de voir ces objets. S. A. S., avant de prendre un parti définitif et de répondre à M. Necker, désire avoir des éclaircissemens de votre part sur le local, les inconvénients et les avantages qui résultent des établissemens dont on se plaint; je vous prie donc de me les faire passer le plus tôt que vous pourrez... ».

M. Antheaume s'empressa de dresser un rapport, qu'il dut retoucher ensuite sur les indications de M. Michel; voici la rédaction définitive : « Je savois qu'il existoit à Chantilly deux fabriques d'amidon, l'une appartenant au s[r] Warmé, établie depuis environ dix ans, et l'autre au s[r] Laugier, établie depuis 18 mois d'après la permission que S. A. S. Monseigneur le Prince de Condé a bien voulu lui accorder. Bien loin de troubler leurs travaux, j'ai, autant qu'il m'a été possible, cherché les moiens de les faciliter et de leur procurer les avantages qui ont dépendu de moi. J'ai cru remplir les intentions de S. A. S. en m'occupant de la subsistance de ses vassaux. Vous n'ignorez pas, Monsieur, que Chantilly ne subsiste que par les travaux que S. A. S. y fait faire et par l'énormité des gages qu'elle y donne. L'aridité du sol ne permet point que l'on le cultive; il n'y a aucune espèce de commerce dans ce lieu; et si S. A. S. alloit à la guerre ou faisoit de longues absences, les habitans de Chantilly seroient malheureux au possible; les loyers de maisons, qui sont montés à un prix exorbitant, deviendroient à rien faute de locataires, et nous verrions nécessairement ce lieu, qui a l'air opulent, devenir misérable et peut-être se dépeupler faute de ressources. Tel est, Monsieur, l'image que je me suis faite de Chantilly, et c'est ce qui me détermine à croire qu'il est très essentiel d'y favoriser des établissemens qui répandent de l'argent, occupent des bras, augmentent la consommation et par conséquent la valeur des propriétés des habitants, même de celles de S. A. S. Ce dernier objet mérite surtout la plus grande attention ; il est certain que les accroissemens d'un commerce actif, protégé par S. A. S., occasionneront nécessairement dans Chantilly des constructions et bâtimens qui multiplieront les mutations et formeront du produit des lods et ventes un revenu considérable pour S. A. S. Les deux fabriques d'amidon font environ un objet de 60.000 livres de commerce ; le Conseil consentira certainement qu'elles soient maintenues, pourvu qu'elles soient assujetties aux droits établis sur l'amidon, et que, pour assurer la perception de ces droits, les commis chargés de cette partie ne soient point empêchés de faire les visites et exercices prescrits par les règlements. Il est constant que, sans ces visites et exercices, il est impossible de conserver ces fabriques ; et je n'hésite cependant point à croire que cette conservation est très utile aux intérêts de S. A. S. L'utilité est d'autant plus sensible que le s^r Laugier ne bornera pas ses opérations à fabriquer de l'amidon et qu'il étendra son commerce à divers autres objets, tels que des odeurs, des savonnettes, etc. Ce n'est que par des moyens semblables qu'on peut rendre un lieu florissant..... L'aisance ne peut venir que du commerce, qui vivifie tout; il est donc bien important de ne pas l'exiler des lieux où il veut s'établir ».

L'amidonnier Pierre Warmé, ancien inspecteur au Bureau des Voitures de la Cour, avait succédé à Jean-Baptiste Mézières. Celui-ci avait acquis de Louis Perpette, le 27 mars 1778, une maison située sur le quai de la Canardière, et Perpette la tenait lui-même des héritiers Doutreleau. Elle avait été construite sur une partie du terrain concédé à Jean Poulet, en 1720, par le duc de Bourbon. Le 15 mars 1784, la veuve de Pierre Warmé, Marie-Françoise Petit, vendit la maison à Jean-Denis Galand, parfumeur à Chantilly. Le 4 décembre

1786, Galand, « marchand amidonnier et parfumeur à Chantilly », agrandit sa propriété d'un jardin acquis de Louis Robinot ; il la vendit en 1790 à Denis Moreau. Quant à Blaise Laugier, il figure sur l'état des imposés de 1779 comme parfumeur-distillateur, tenant à loyer la maison des héritiers de Robert Mongé, représentée aujourd'hui par le n° 91 de la rue du Connétable. Le 28 février 1780, il acquit du prince de Condé un terrain sur lequel il édifia la maison qui porte le n° 124. Il vendit cette maison, le 25 mars 1785, au charron Nicolas Demoncy. Ces aliénations permettent de croire que les fabriques d'amidon ne purent subsister à Chantilly.

*
* *

Les franchises de Chantilly s'étendaient aux gabelles, et les officiers du grenier à sel de Creil se heurtèrent plus d'une fois à la ténacité du prince de Condé. En 1785 d'abord : des commerçants de Chantilly s'étaient « mis dans l'embarras en se permettant, contre les dispositions de l'art. 6 de l'ordonnance des gabelles et l'arrêt de règlement de la Cour des Aides du 1er septembre 1780, d'emmagasiner chez eux des morues qu'ils disent avoir reçues mal conditionnées des mains des voituriers infidèles, sans les faire conduire directement au grenier dont ils sont ressortissans pour y être visitées ». Ces deux commerçants, Laville et Vandessel, reçurent, le 10 décembre 1785, la visite des commis des gabelles, à la suite de laquelle Laville fut invité « à payer par accommodement une somme de 60 livres pour tenir lieu de l'amende et confiscation encourues » (lettre de M. Jacob, receveur du grenier à sel de Creil, 25 janvier 1786). Laville s'y refusa, et l'affaire donna lieu à une correspondance entre M. Antheaume d'une part, M. Jacob et ses chefs d'autre part.

La vente au détail du sel à Chantilly était confiée à deux épiciers qui devaient prêter serment. En juin 1788, les officiers des gabelles ayant fait difficulté pour recevoir « les sieurs Vion et Sorel pour remplacer la veuve Ransenne dans la revente du sel à petites mesures dans la ville de Chantilly », le prince de Condé dut intervenir pour imposer son choix.

Au mois de décembre de la même année, l'inspecteur des fermes signala au prince de Condé la nécessité « de réprimer la fraude énorme que font du sel immonde les boulangers, bouchers, charcutiers, aubergistes et marchands de salines.... La Régie réclame avec confiance, pour la classe précitée, l'exécution des règlements qui servent de base aux droits du Roy. Elle avoit cru voir un moyen efficace d'en imposer à ces fraudeurs dans l'affiche à Chantilly d'une sentence des officiers au grenier à sel de Creil; elle condamnoit à 200 livres d'amende un particulier pour avoir fait usage de sel immonde. L'impression et affiche ayant paru déplaire à Son Altesse, l'inspecteur a sur le champ reçu ordre de ne point lever ni afficher ladite sentence... ». Et l'inspecteur priait le prince de Condé de l'autoriser à faire des visites chez les commerçants visés, après entente avec M. Antheaume.

Celui-ci transmit le mémoire au prince et l'accompagna des réflexions suivantes : « Le mémoire de la Ferme générale contient quelques faits vrais; quant à la fraude, elle subsiste; il est même presque impossible de l'arrêter en totalité dans un pays non vérifié; c'est la base essentielle des observations et des réclamations de la Ferme; aussi les fermiers prétendent-ils d'après cela que la visite des employés est indispensable. J'ai l'honneur d'observer à Votre Altesse Sérénissime que j'ai opposé une résistance absolue à cette demande. J'ai cru remplir vos intentions que de ne point me prêter à une innovation de ce genre. Que résulte-t-il d'ailleurs de cette fraude? Une très petite consommation de sel qui ne mérite point la peine de faire une levée de boucliers. On ne pourroit point comparer ceci avec la fraude que faisoient autrefois les marchands d'eau-de-vie; ceux-ci s'étoient ouvert une branche de commerce dont il résultoit une perte de droits non perçus qui s'élevoit annuellement à plus de 250.000 livres ; la Régie Générale a justifié ce fait; si ces mêmes marchands s'étoient bornés à faire venir en franchise les eaux-de-vie nécessaires à la consommation du lieu, il n'eût jamais été question de fixer cette consommation par lettres patentes. *Chantilly est considérablement augmenté*, disent les fermiers généraux; *à raison de quoi la fraude est plus importante.* Je ne vois rien de fâcheux pour la Ferme générale à l'accroissement de Chantilly; au contraire il ne peut que lui être avantageux, puisqu'il y a actuellement deux bureaux de distribution de sel et de tabac, et qu'il n'y en avoit jamais eu qu'un seul. Cela prouve bien que tout le lieu de Chantilly ne fait point la fraude, puisque la consommation intérieure occupe un bureau de plus... ».

Le prince de Condé répondit de sa main : « Dites aux fermiers généraux qu'ils savent bien qu'il a été convenu avec le ministre d'alors qu'on ne feroit point de visites de commis dans Chantilly, et que je ne me suis prêté à l'arrangement sur les eaux-de-vie *qu'à cette condition-là; ils m'avoient promis* que je n'entendrois plus parler de cette querelle-là, et il ne seroit pas honnête à eux de la recommencer; cela me déplairoit beaucoup, et en vérité le peu de fraude qu'il peut y avoir sur le sel à Chantilly ne vaut pas la peine de rentrer en dispute. Il n'y a point d'honnêtetés qu'ils n'ayent reçu de moi, en toute occasion, et nommément au retour du camp de Saint-Omer; il seroit peu délicat à eux de m'en marquer ainsi leur reconnoissance. Voyez à leur faire entendre cela. J'ai trop bonne opinion d'eux pour croire qu'ils insistent. L. J. Bn (Louis-Joseph de Bourbon, 10 janvier 1789).

* * *

En somme, il n'y avait pas d'industrie à Chantilly au XVIIIe siècle, sauf la fabrication, essentiellement artistique, de la porcelaine à pâte tendre et de la dentelle. La seconde est antérieure à la première : dès le 15 novembre 1700, je relève dans les registres de la paroisse le mariage de Charlotte Martin, *faiseuse de dentelle*. Avant la fin du XVIIe siècle, on trouve établi à Saint-Firmin un sieur Charles Moreau, *faiseur de dentelle*. Les successeurs de Charles se fixèrent à Chantilly; le 2 mai 1739, Geneviève Toudouze y épouse Denis Moreau, fils de Claude, dentellier. Les recensements donnent les noms de plusieurs marchands de dentelles, Denis Moreau père et fils, Louis Moreau, Pierre-Jean Devaux, Jean Larose-Guillet, Mathieu Letellier, Pierre Dusignon, etc. La fabrication de la dentelle offrait une précieuse ressource aux femmes; celles-ci, travaillant chez elles, augmentaient ainsi le budget du ménage sans négliger la maison. Cette industrie fut très florissante à Chantilly et dans toute notre région jusqu'aux environs de 1830, date où commence le déclin [1].

La manufacture de Porcelaines fut une création personnelle du duc de Bourbon, qui avait des goûts artistiques très affinés et fabriquait lui-même, dans son château, des toiles peintes et des vernis du Japon. J'en ai tracé l'historique dans *les Arts dans la maison de Condé* (Paris, 1903, pp. 80-86). Depuis, MM. le comte X. de Chavagnac et le marquis de Grollier ont repris la question avec plus de détails techniques, dans leur magistral ouvrage intitulé *Histoire des Manufactures françaises de porcelaine* (Paris, 1906, pp. 59 à 90 et 668 à 673). Édifiée en 1730, la manufacture occupait l'emplacement couvert aujourd'hui par la maison Aaron (rue de la Machine) et les dernières maisons de la rue du Connétable. Exploitée par des entrepreneurs qui ne payaient pas de loyer, Cicaire Cirou, Pierre Peyrard, François Gravant, elle appartint aux princes de Condé jusqu'au 15 avril 1781, jour où le prince Louis-Joseph la vendit à Louis-François Gravant et à Madeleine-Caroline-Gasparine Adam, sa femme. D'après le plan annexé à l'acte, l'ensemble mesurait 18 toises et demie sur la rue du Connétable (ateliers des tourneurs, chambre des pâtes, écurie) et 28 toises et demie sur la rue de la Machine; au-dessous, la maison suivante appartenait déjà aux Gravant. Ceux-ci vendirent le tout, le 24 juillet suivant, à M. Antheaume de Surval, régisseur de Chantilly et procureur-fiscal-général de la châtellenie, et à sa femme Marie-Denise-Émilie Bourgeois, fille du principal concierge du château. Le 6 février 1792, M. Antheaume céda la manufacture à un Anglais, Christophe Potter, que nous retrouverons dans la suite de notre travail.

Une autre industrie fut tentée en 1786, mais ne paraît pas avoir donné un résultat appréciable : c'est l'exploitation de la tourbe. Jean-Baptiste Monnaye, alors maître de la burie d'Avilly, obtint du prince de Condé la permission d'extraire

---

[1] Voir le chapitre intitulé *les Dentelles précieuses de Chantilly* dans l'*Histoire encyclopédique de l'Oise* insérée en tête du *Dictionnaire biographique et historique de l'Oise*, Paris, Flammarion, 1908, p. 131.

de la tourbe dans un endroit de la Canardière dit le Pré Carré; il le fit à titre gratuit en 1786 et 1787, puis en 1788 moyennant une redevance de 600 livres et une corde de tourbe en nature. Les *Affiches de Senlis* publièrent l'annonce suivante dans le fascicule du 25 novembre 1787 :

« Le sieur Monnaye, maître de la blanchisserie d'Avilly, propose au public l'usage de la tourbe par économie. Cette tourbe donne beaucoup de chaleur ; son feu est toujours égal ; on peut l'employer pour couler la lessive, aux foyers des cuisines, même dans les fourneaux, ne donnant point de mauvaise odeur aux comestibles que l'on fait cuire. La tourbe, il est vrai, répand un peu d'odeur lorsqu'elle brûle ; mais cette odeur n'est pas préjudiciable à la santé ; quelques jours suffisent pour s'y accoutumer. D'ailleurs cette légère incommodité est bien compensée par l'économie, puisque le bénéfice que procure l'usage de la tourbe sur l'usage du bois peut être évalué à moitié. Les personnes qui voudront faire usage de la tourbe peuvent envoyer à la Canardière, au bout de la Grande Gorge, par le chemin de Gouvieux ; il y a un garde-vente chargé de la débiter. Le prix est de 10 livres la corde de 8 pieds de long, 4 de large et 4 de haut ».

Le résultat n'ayant pas répondu à son attente, Monnaye demanda pour 1789 d'autres conditions qui ne lui furent pas accordées. Par marché en date du 4 avril 1789, l'exploitation fut consentie, moyennant une redevance de 600 livres, à Nicolas Patin, maître tourbier à Bresles près Beauvais, qui présenta pour caution et répondant le s^r Pierre Pillon, marchand demeurant à Chantilly.

D'autre part, le prince Louis-Joseph eut certainement l'intention de créer une industrie à Chantilly, car il fit construire, au bout du grand canal, à la chute des écluses, quatre bâtiments qui furent tout de suite appelés les Usines, et qui n'étaient pas encore utilisés lorsque le prince quitta la France en 1789. Ce n'est que dix après, le 1er août 1799, que les administrateurs du département de l'Oise adjugèrent à Jean-Gérard Boulée, entrepreneur de bâtiments à Compiègne, au profit du s^r Cartier fils, de Gisors, « quatre bâtiments neufs appelés Usines, construits en pierre, couverts en ardoises, situés à la chute des

Grandes Écluses, propres à être utilisés en moulins, ayant leurs roues montées sur des arbres tournants, etc. ». Nous les retrouverons sous l'Empire, ainsi que la manufacture de Porcelaines, aux mains du célèbre François Richard, dit Richard-Lenoir, qui tenta de faire de Chantilly une ville industrielle.

*
* *

En 1788, le procureur-fiscal-général de Chantilly, M. Antheaume de Surval, adressa le mémoire suivant aux juges de la châtellenie :

« Messieurs, une des principales fonctions de notre ministère est de veiller à la subsistance des justiciables, de chercher les moyens les plus propres à leur procurer en abondance les comestibles nécessaires à la vie, et de ne rien négliger pour donner aux habitans d'un lieu aussi important que Chantilly toutes les facilités et les commodités nécessaires à sa grande consommation..... Il est à votre connoissance que l'approvisionnement de ce lieu est doublé depuis l'établissement de cette jurisdiction ; mais il ne suffit pas encore ; nous parviendrons sans doute à l'augmenter si nos vœux sont secondés .... c'est à cette époque d'abondance après laquelle nous aspirons ; nous y rendrons l'accès de ce lieu bien plus facile ; nous y élèverons de nouveaux établissemens qui augmenteront nécessairement la population, qui donneront infiniment de ressort et d'activité à quelques branches de commerce de ce lieu qui sont encore dans l'oubli et dans l'inaction. C'est cette époque où notre ministère ne manquera pas de s'élever contre les abus impardonnables qui subsistent dans une classe de commerçans de ce lieu la plus nombreuse et pour ainsi dire la seule en activité ; les sommes énormes que prélèvent les aubergistes et les hôteliers sur les étrangers ne sont subordonnées à aucuns principes ; il ne nous échappera pas d'en établir ; nous saurons éteindre ou au moins diminuer des vexations contraires à une bonne police ; et par la sagesse de vos règlemens, Messieurs, nous parviendrons à accréditer le plus beau lieu de l'Europe.

« Mais ce temps n'est pas encore arrivé ; il faut aller par gradation au but du bonheur et de la perfection. Notre objet aujourd'hui n'est autre que de vous proposer un changement dans les jours du marché de ce lieu. Il en existe trois ; celui du dimanche est le plus considérable. Un zèle, trop ardent peut-être, lors de notre installation à ce siège, nous fit blâmer la tenue de ce marché ; nous avons cru être autorisé d'après la Loi même à nous opposer à son existence ; mais nous avons été forcé de suivre les mêmes erremens que nos ancêtres ; la suppression du marché du dimanche coupa les vivres aux habitans de ce lieu, et nous vîmes avec peine que de tenir plus longtemps rigueur à cet égard eût causé une désertion générale, ce qui nous força de laisser continuer ce marché, à la réserve cependant de ne pouvoir y vendre pendant l'office divin. Un autre marché se tient le vendredy ; il est destiné à l'approvisionnement des comestibles maigres, et son établissement n'est susceptible d'aucune réforme. Le troisième marché se tient le mardy matin ; la plus grande quantité de ce qui s'y vend sont des légumes ; il est peu considérable parcequ'il y a dans les environs différens marchés le même jour. C'est pour le rendre plus abondant que nous vous proposerons, Messieurs, de le remettre au mercredy ; ce jour établira une distance plus égale entre les marchés de ce lieu. Le mercredy est le jour de vos audiences ; les particuliers des villages de cette jurisdiction qui viennent icy pour solliciter leur cause, instruire leur défense, et souvent même prendre des moyens d'arrangement avec leur adversaire, ne perdront pas leur journée entière. Ceux qui se livrent à la culture des marais apporteront leurs légumes et les vendront en attendant l'audience, etc...

« Nous requérons donc, Messieurs, qu'il vous plaise ordonner qu'à l'avenir, à compter du 31 décembre présent mois, le marché tenu ordinairement le mardi le sera le mercredi ; que les marchands de légumes et autres seront tenus de s'installer sur la place dudit marché pour y vendre leurs marchandises, à la charge par eux de payer les droits de place d'usage et accoutumés ; que défenses seront faites auxdits marchands de s'installer le mardi, passé le 31 décembre ; qu'il leur sera pareillement défendu, sous peine de 15 livres d'amende, de colporter leurs légumes et denrées le long de ce lieu les jours de marché, et qu'il leur sera ordonné au contraire de les exposer tous en vente sur la place dudit marché. »

L'ordonnance réclamée par M. Antheaume fut délivrée par le juge de Chantilly le 3 décembre 1788 :

« A tous ceux qui ces présentes lettres verront, Louis-Laurent Regnard, avocat en parlement, juge-châtelain civil, criminel et de police de la châtellenie de Chantilly et autres terres y réunies pour S. A. S. Mgr le prince de Condé, prince du sang, seigneur desdits lieux, salut. Savoir faisons que sur ce qui nous a été remontré par le procureur-fiscal-général d'icelle châtellenie que de temps immémorial il se perçoit au profit de Sad. A. S. des droits de place au marché de ce lieu ; que, quoique ces droits n'ayent jamais éprouvé de variations, il ne laisse pas que de s'élever quelquefois des contestations pour raison du payement d'iceux ; que S. A. S. a permis à diverses époques la construction de plusieurs échopes pour la commodité des marchands qui viennent s'étaler audit marché ; que jusqu'à présent, et pour favoriser davantage les marchands qui amènent leurs denrées, il n'a été fixé aucun droit pour raison de l'établissement desdites baraques ; qu'il lui paraît très intéressant de fixer par un seul et même règlement les droits qui doivent se percevoir à l'avenir auxdits marchés de Chantilly afin d'éviter toute contestation entre le receveur desdits droits et les marchands qui s'étalent sur la place du marché ; il requiert pareillement qu'il nous plaise ordonner la manière dont la perception des droits doit se faire et de prescrire l'ordre qui doit s'observer pour la police dudit marché ; sur quoi faisant droit, nous avons ordonné et ordonnons ce qui suit :

« Art. 1er. — Les marchands de toute nature qui vendront dans les échopes les jours de marché fixés ci-après, seront tenus de payer au receveur desdits droits trois sols pour chaque jour de marché.

« Art. 2. — Il sera fourni des tables et tréteaux aux marchands qui voudront s'étaler pour vendre leurs marchandises sur ledit marché, et ils payeront, savoir : ceux à qui il sera fourni une table de trois planches de six pieds de long avec des tréteaux, trois sols ; — ceux à qui il ne sera fourni que des tréteaux pour poser leurs paniers ou vanettes payeront deux liards par tréteaux, soit 6 deniers ; — les marchands à qui il sera fourni une table de trois planches de huit pieds de long avec tréteaux payeront quatre sols ; — les marchands qui pour leur plus grande commodité préféreraient se servir des tables et tréteaux qui leur appartiennent payeront deux sols, pourvu néanmoins que lesd. tables n'excèdent pas la longueur de huit pieds ; dans le cas contraire, ils payeront le double ; — les marchands qui ajouteraient aux tables qui leur appartiennent des toiles pour se couvrir ou former boutique ou échope ambulante, payeront trois sols, pourvu aussi que lesd. échopes n'excèdent pas la longueur de dix pieds, auquel cas ils payeront le double ; — les marchands de légumes et autres qui s'installeront sur ledit marché sans tables ni tréteaux payeront par somme de cheval ou d'âne un sol ; — ceux qui apporteront leurs denrées dans des paniers à bras payeront deux liards, soit 6 deniers ; — ceux qui apporteront des volailles en cage ou autrement payeront deux liards par cage ou panier ; — les marchands de beurre et œufs payeront trois deniers par panier ; — les marchands de différente nature qui s'installent par terre payeront pour ledit étalage un sol.

« Art. 3. — Les dits droits seront payés par les marchands qui s'installeront aux dits marchés le mercredi, le vendredi et le dimanche de chaque semaine, sans retard et à la première réquisition des fermiers ou receveurs desdits droits, sans que, sous aucun prétexte, lesd. marchands puissent éluder le payement et le remettre à un autre moment ; le tout à peine de saisie et confiscation des marchandises.

« Art. 4. — Enjoignons aux marchands de prendre leurs places sans bruit ni dispute dans le rang de chaque nature de marchandise, ainsi qu'il sera désigné par le procureur-fiscal, leur défendant de changer de place une fois qu'ils y seront installés et de courir ça et là le long de la place du marché, à peine de six livres d'amende en cas de contravention.

« Art. 5. — Défendons aux marchands qui apportent leurs denrées auxd. marchés avec des chevaux ou voitures, de laisser sur lad. place du marché lesd. chevaux ou voitures, leur ordonnons de les mettre à l'attache et d'éloigner lesd. voitures de la place, à peine de 20 livres d'amende, saisie et confiscation desd. chevaux et charrettes.

« Art. 6. — Conformément à l'art. 24 de l'ordonnance générale de police de ce siège par nous rendue le 2 avril 1777, faisons défenses à tous hôteliers, cabaretiers, revendeurs et revendeuses, d'acheter aucunes denrées et marchandises nécessaires à la vie dans le marché de ce lieu avant huit heures du matin depuis Pâques jusqu'au 1er octobre, et avant neuf heures depuis le 1er octobre jusqu'à Pâques, afin que les bourgeois et habitans des lieux aient le temps de se pourvoir, à peine de confiscation desdites denrées et marchandises et de 50 livres d'amende contre chacun des contrevenans ; enjoignons à tous marchands forains d'exposer lesdites denrées et marchandises sur la place dudit marché, leur faisant aussi défenses de les entreposer et vendre dans les auberges ou ailleurs ; et à toutes personnes, sans distinction de qualité, d'aller ou envoyer au devant desdites denrées pour y acheter ce qui est à apporter au marché pour y être vendu, aussi à peine de confiscation et de pareille amende de 50 livres.

« Art. 7. — Défendons auxdits marchands forains et autres de vendre aucunes marchandises dans les rues de ce lieu les jours de marché ci-dessus désignés ; défendons encore aux bouchers forains de porter de la viande dans les maisons de ce lieu lesd. jours de marché, le tout à peine de saisie et confiscation des marchandises et de 20 livres d'amende.

« Enjoignons aux commissaire de police, huissiers et sergens de cette châtellenie, de veiller exactement à l'exécution de notre présente ordonnance, de faire leurs rapports des contraventions à faire, à peine d'interdiction, et sera notre dite ordonnance lue, publiée et affichée partout où besoin sera, même imprimée et placardée dans le lieu de Chantilly, ce qui sera exécuté nonobstant opposition ou appellation quelconque, s'agissant de police. »

En 1789, le prince de Condé voulut doter Chantilly d'un marché à farines ; les événements politiques vinrent couper court à ce dessein. Il en fut de même du projet d'installer des réverbères dans les rues de la ville ; le devis évaluait l'établissement du réverbère à 211 l. 12 s., et l'entretien annuel à

75 l. 9 s. 9 d., comprenant surtout la consommation d'huile. C'est en 1828 seulement que le projet fut repris et exécuté.

*
* *

Outre la Poste-aux-Chevaux, il y avait à Chantilly un bureau des Diligences et Messageries, qui y fut établi en 1778 par M. Preverault-Dumeray, directeur des Messageries, fondé de pouvoir de M. Claude Laure, sous-fermier. L'exploitation des voitures publiques, tant de terre que d'eau, unie par arrêt du Conseil d'État à la ferme générale des Postes, constituait un monopole ; et en informant M. Antheaume de la création d'un bureau à Chantilly, M. Preverault-Dumeray a bien soin d'ajouter : « C'est en vertu des anciennes messageries que nous avons droit d'obliger tous les loueurs de chevaux et carrosses de prendre des permissions à notre bureau, faute de quoi ils sont saisissables suivant tous les anciens règlemens concernant les messageries, et notamment l'arrêt du Conseil du 7 août 1775, par lequel ils ne peuvent aller à six lieues de Paris sans une permission. Je crois, Monsieur, que vous trouverez nos droits suffisamment établis par cet arrêt tant contre les loueurs de carrosses et chevaux que contre les coquetiers, muletiers, fermiers et autres charretiers de cette espèce, qui ne peuvent prendre du monde sur leurs voitures ». De Chantilly à Paris, le prix était de 12 sous par lieue et par place dans les carrosses et de 8 sous dans les guinguettes, sans qu'il pût être payé moins que pour deux lieues.

L'administration des Messageries avait des commis ou contrôleurs ambulants qui faisaient des tournées pour relever les atteintes portées au monopole ; ils s'attaquèrent un jour à la livrée du prince de Condé, et M. Antheaume s'en plaignit par une lettre adressée à M. Preverault-Dumeray le 16 juillet 1780 :

« S. A S. Mgr le prince de Condé est instruit que deux de vos commis, étant à faire leur tournée au Mesnil-Aubry, ont rencontré le charretier du s^r Pigeaux, meunier à Sailleville, qui avoit dans sa voiture, attelée de cinq chevaux, deux valets de S. A. S et portant sa livrée ; que les commis se sont livrés à des emportemens et des brutalités contre les valets-de-pied.

du prince et le charretier ; que sur ce que les valets-de-pied leur disoient que de tout temps ils avoient voyagé sur ces sortes de voitures sans en avoir été empêchés, et qu'à cet effet ils s'étoient même présentés plusieurs fois au bureau pour obtenir une permission, que le buraliste leur a refusée en leur disant qu'ils n'en avoient pas besoin puisqu'ils portoient l'habit du prince ; que sur ces représentations vos commis, loin de les entendre, se sont livrés de nouveau à des propos indécents contre M. le marquis d'Autichamp (premier gentilhmomme du prince) et en invectives contre M. de Bezançon, sous-gouverneur des pages [1], pour avoir en différentes occasions donné des certificats aux gens de la livrée ou de la maison du prince qui constatent qu'ils en font nombre..... ». M. Antheaume demandait, au nom du prince, que les ordres les plus sévères fussent donnés « pour qu'à l'avenir les gens de sa livrée et de sa maison ne soient plus inquiétés ni retardés sur la route ».

Je n'ai rapporté cet incident qu'en raison de l'enseignement qui s'en dégage : les particuliers étaient forcés de monter dans les voitures de l'administration des Messageries pour aller de Chantilly dans la direction de Paris ; il leur était interdit de profiter de la bonne volonté d'un fermier ou d'un charretier.

*
* *

Tout le monde sait que, sous l'ancien Régime, l'instruction élémentaire était généreusement octroyée aux enfants du peuple par les villes, les communautés, les seigneurs laïques ou religieux, et qu'à ce point de vue la Révolution n'a d'abord produit qu'une profonde décadence, qu'il a été extrêmement difficile de réparer. Chantilly ne fit pas exception à la règle. Le premier « clerc » que j'y rencontre est Nicolas Bourret, mort le 7 avril 1650, c'est-à-dire à une époque où Chantilly

---

[1] Jean-Thérèse-Louis de Beaumont, marquis d'Autichamp, né le 17 mai 1738, entra dans l'armée en 1749 comme sous-lieutenant au régiment du Roi-infanterie, et en sortit en 1785 avec le grade de maréchal-de-camp. — Étienne-Marie Bezançon entra au service du prince de Condé en 1773 comme contrôleur de la livrée de la Chambre, et fut nommé sous-gouverneur des pages en 1779.

n'était qu'un hameau. En 1659, sur la somme de 500 livres allouée annuellement au chapelain du château, 100 livres sont destinées « au clerc qui aide au service de la chapelle et qui instruit la jeunesse ». Lors de l'érection de la paroisse en 1692, il fut bien spécifié que le clerc de l'église serait en même temps maître d'école, et que ses gages seraient payés par le prince de Condé. Le premier « clerc et magister » de la paroisse de Chantilly fut François Bastin; et ce n'était pas un ignorant, car il fut ordonné prêtre en 1697. Je trouve ensuite : en 1706, Étienne Boulanger, « organiste et maître d'école » ; en 1719, François Dejeante « clerc et maître d'école » ; puis Jean-Louis Fremy, Silvestre Desmarquest, auquel Pierre Thomas succéda en 1766. Le local de l'école des garçons fut longtemps dans l'hôtel de Beauvais, en face de l'église. Une des sœurs de l'hôpital faisait la classe aux filles. L'instruction primaire était donc assurée, gratuitement, aux enfants de Chantilly.

Le prince Louis-Joseph voulut faire davantage. En 1784, il installa dans les bâtiments de l'hôtel de Quinquempoix une école gratuite de dessin dont il confia la direction à son peintre des chasses, Jean-François Perdrix [1]. Le numéro du 22 août 1788 des *Affiches de Senlis* contient une relation de la « Distribution des prix accordés par S. A. S. Monseigneur le prince de Condé aux élèves de l'École de Dessin de Chantilly :

« Le mercredi 20 de ce mois, S. A. S. Mgr le prince de Condé, en présence de LL. AA. SS. Mgr le duc de Bourbon et Mgr le duc d'Anguien, a fait la distribution des six prix d'émulation que ce prince veut bien accorder aux élèves de l'École gratuite de Dessin par lui fondée à Chantilly. Le jugement des dessins avait été fait le 17 par M. Le Roy [2], assisté de plusieurs artistes, et mis aussitôt sous le cachet, afin que personne ne

[1] Peintre des chasses du prince de Condé depuis le 1er septembre 1764, Perdrix figura en cette qualité sur les états du personnel de la vénerie jusqu'en février 1791. Il se distingua ensuite par son zèle révolutionnaire, et mourut à Chantilly en 1809.

[2] Jean-François Le Roy, architecte du prince de Condé, mourut à Chantilly le 17 mai 1791, à l'âge de soixante-deux ans. Son fils, Jacques-François-Marie, fut aussi architecte, et mourut à Chantilly le 1er janvier 1829.

pût avoir connaissance des auteurs. S. A. S. a décacheté publiquement l'ouvrage des enfants, et nommé elle-même ceux qui avoient remporté les prix, qu'elle a eu la bonté de leur remettre en les couvrant de fleurs. Le premier prix a été donné au sieur Mortet, de Chantilly ; le second au sieur Jacquin [1], de Vineuil ; le troisième au sieur Saulon, de Chantilly ; le quatrième au sieur Germain, de Senlis ; le cinquième au sieur Polleville, de Paris ; et le sixième au sieur Lejeune, de Chantilly. »

L'école de Dessin n'eut qu'une durée éphémère ; elle cessa de fonctionner en 1792, et l'immeuble fut aliéné en 1794 par le directoire du District de Senlis.

Le prince de Condé voulut aussi doter Chantilly d'un établissement d'enseignement secondaire. A cet effet, il se fit céder, le 13 juillet 1784, par son valet-de-chambre Jean-Louis Vauthy, dit Vautier, une maison que celui-ci avait fait construire sur un terrain concédé en 1771 (n° 60 de la rue du Connétable), et y installa, à titre gracieux, François-Michel Pélisson, « maître ès arts, ancien maître de pension au collège de Navarre à Paris ». M. Pelisson fit aussitôt imprimer à Senlis, par Desrocques, le prospectus de la « MAISON D'ÉDUCATION tenue à Chantilly sous les auspices de S. A. S. Monseigneur le prince de Condé ». Le voici dans toute sa teneur :

« L'emploi des premières années fait éclore, rectifie, embellit les qualités morales. Les qualités physiques leur sont étroitement liées ; aussi doit-il nécessairement résulter des premiers soins une totale et plus heureuse amélioration.

« D'après cette vérité sentie, Monseigneur le prince de Condé voit d'un œil satisfait le projet d'instituer à Chantilly une pension dans laquelle les enfants pourroient trouver ce double et précieux avantage : d'une part, le choix des maîtres que nous nous associerons, nos efforts soutenus et concertés ; de l'autre, la salubrité de l'air, les promenades agréables, les exercices

---

[1] Claude Mortet était contrôleur de la vénerie du prince de Condé à Chantilly. Jean-Baptiste Jacquin, brigadier forestier, avait la direction de la Ménagerie à Vineuil ; il ne doit pas être confondu avec Jean Jacquin, marchand de vins à Chantilly et père de M. Jacquin qui fut notaire et maire.

modérés et doux, une nourriture saine ; enfin tout ce qui peut avoir trait à cet objet intéressant doit inspirer une entière confiance.

« Monseigneur le prince de Condé ne se borne pas à accueillir favorablement ce nouvel établissement ; mais, pressé de répandre ses bienfaits, sa générosité fonde dans cette maison quatre bourses. Deux sont destinées à l'instruction de deux pensionnaires, les autres à l'instruction de deux externes ; S. A. S. se réservera toujours le droit de nomination.

« *Conditions et prix de la pension.* — On recevra les enfants dès l'âge de cinq ans ; on les conduira jusques en Rhétorique inclusivement.

« Le prix de la pension, en y comprenant les maîtres d'étude, de lecture, de calcul, d'écriture, de géographie et d'histoire, le blanchissage, le feu, la lumière, le papier, les plumes, l'encre, la poudre et la pommade, sera de 400 livres. Les demi-pensionnaires paieront 200 livres. Les externes donneront 6 livres par mois, et 6 livres pour être chauffés pendant l'hiver ; ils seront reçus dans la pension les dimanches, les fêtes et les jours de congé, pour les offices, l'étude et les promenades. En entrant on exigera, suivant l'usage, le premier quartier d'avance ; de plus 12 livres pour les maîtres et pour les domestiques.

« Les pensionnaires, les demi-pensionnaires et les externes seront tenus à porter l'uniforme dont voici le détail : habit de drap couleur cramoisie, doublure jaune ventre-de-biche ; veste et culotte de même couleur que la doublure ; boutons de métal blancs, unis et plats [1]. (*Nota.* On ne demandera dans le premier moment qu'un habit uniforme complet ; il servira pour les dimanches, les fêtes et les jours de congé ; les autres jours, les jeunes élèves useront les habits qu'ils apporteront ; mais on avertit que, par la suite, on s'en tiendra absolument à l'uniforme, qui sera alors composé de deux habits complets et d'une redingote).

---

[1] Ce bizarre uniforme reproduisait, mais avec inversion, les couleurs de la maison de Condé, dont l'habit était jaune ventre-de-biche, la culotte et la veste ou gilet de couleur cramoisie. Voir l'habit exposé dans une vitrine au Jeu-de-Paume.

« Chaque pensionnaire fournira un lit complet, bois peint et vernissé, avec un pavillon de siamoise bleue et blanche ; un gobelet et un couvert d'argent ; trois paires de draps, douze chemises, autant de cols, de mouchoirs et de serviettes ; six bonnets de coton, six paires de bas, tant de laine que de coton et de fil gris ; deux paires de souliers, deux chapeaux, deux peignoirs, deux peignes et leur étui, une brosse : le tout exactement marqué. En faveur des personnes de province ou de pays étrangers, convention faite de prix, on se chargera de fournir habits, livres, linge, lit, enfin toutes les choses nécessaires. On ne donnera de mémoire qu'en cas de grands raccommodages, de fourniture de livres, etc.

« Depuis le premier de mai jusqu'au premier de novembre, on se lèvera à six heures et on se couchera à neuf. Depuis le premier de novembre jusqu'au premier de mai, on se lèvera une heure plus tard, le coucher se fera une heure plus tôt..... Une gouvernante couchera dans le dortoir des petits enfans, les précepteurs dans le dortoir des plus grands ; le maître assistera au lever et au coucher.

« Les enfans changeront de linge deux fois la semaine, et, tous les matins, ils recevront des mains de la maîtresse et des gouvernantes les soins qu'exige la plus grande propreté.

« Les parens seront informés de la moindre indisposition de leurs enfans. S'ils restent à la pension, on leur procurera tous les secours nécessaires et l'on présentera le mémoire des frais. L'infirmerie sera éloignée des lieux où doivent se trouver les enfans en santé.

« Si les parens exigent des maîtres extraordinaires, comme maîtres de mathématiques, de dessin, de musique, d'armes et de danse, on conviendra des prix relatifs.

« Les enfans ne seront jamais conduits que par les sentimens et avec douceur. Leur punition ne consistera que dans la privation de récréation, de promenade ou d'autre chose semblable.

« *Distribution des prix.* — Chaque année, à la Saint-Louis, il se fera en public une distribution de prix en faveur des élèves qui se seront distingués dans leur étude ou par leur sagesse. Sur les livres seront empreintes les armes de S. A. S. Monseigneur le prince de Condé, et, sur une des premières feuilles, l'on verra le motif de la récompense.

« *Instruction chrétienne.* — Les dimanches et les fêtes, il y aura des instructions dans lesquelles on s'arrêtera particulièrement à tout ce qui peut faire sentir l'importance et l'étendue des devoirs du chrétien. Lorsque les jeunes élèves seront suffisamment instruits sur les vérités de la Religion, on les disposera à recueillir dignement les fruits de la première communion ».

M. Pelisson ne réussit pas à Chantilly : « Il n'a pas des connaissances suffisantes, il a renvoyé malhonnêtement un bon maître, il a maltraité un enfant, il a mis de la morgue vis-à-vis des habitans... ». Bref, il se retira au mois de septembre 1786. Il eut pour successeur « François-Joseph Le Cavelier, natif de Cherbourg, âgé de près de 40 ans, qui, après avoir étudié et fait sa philosophie au collège d'Harcourt, et avoir été maître de quartier pendant deux ans au collège du Cardinal-Lemoine, tient pension à Paris, paroisse Saint-Paul, rue Geoffroy-Lasnier, n° 23 ». M. Le Cavelier fit imprimer un nouveau prospectus par Cl. Simon, imprimeur du prince de Condé à Paris. C'est la reproduction du factum de Pelisson, avec ceci en plus :

« L'expérience de plus de douze années d'exercice dans l'Université nous a mis à portée de remarquer que les Élèves sortis des maisons qui lui sont étrangères se trouvent rarement en état de suivre les classes pour lesquelles on les destine lorsqu'ils entrent dans cette Université. Voulant éviter cet inconvénient, qui dérange singulièrement les projets des parens, nous nous proposons de faire faire chaque mois un devoir de composition qui aura été donné dans l'un des collèges de Paris ; et ce devoir sera envoyé à un professeur de cette ville, qui voudra bien nous marquer la place que nos élèves occuperoient dans sa classe. Par ce moyen, nous ferons connoître aux parens les progrès de leurs enfans et la classe qu'ils pourroient suivre dans la capitale .» — « L'ordinaire du réfectoire consistera en une soupe, un bouilli et entrée pour le dîner ; un rôti et une salade pour le souper ; deux plats les jours maigres ». — Le prix de la pension était abaissé à 350 livres pour les internes, et à 175 pour les demi-pensionnaires.

Les *Affiches de Senlis* donnèrent, le 8 septembre 1788, une courte relation de la Distribution des prix de la maison d'éducation fondée par S. A. S. Monseigneur le prince de Condé à Chantilly :

« Les élèves de la maison d'éducation de Chantilly ont exécuté publiquement, le lundi 25 août, les exercices littéraires proportionnés à leurs forces et à leurs âges. Cette cérémonie, qui s'est faite avec infiniment d'ordre et de décence, a été suivie d'un applaudissement général, fait pour toucher et encourager les enfans. Le public a vu avec reconnoissance que les progrès des élèves pendant le cours de cette année sont essentiellement l'ouvrage des soins et des travaux de M. Le Cavelier, maître de pension.

« Le jugement du mérite de la composition s'est fait la veille, dans un bureau composé de personnes distinguées par leur mérite et leurs lumières, dont le procès-verbal a été remis à S. A. S. Monseigneur le prince de Condé. Ce prince, en présence de LL. AA. SS. Monseigneur le duc de Bourbon et Monseigneur le duc d'Anguien, a fait la distribution des prix et a couronné de fleurs les enfans ».

La cérémonie eut lieu à l'hôtel des Juridictions, en face de l'église. « L'exercice littéraire » est mentionné dans l'invitation imprimée : cinq élèves devaient interroger et cinq répondre « sur l'Apologue latin et françois, sur les Vies des hommes illustres de la Grèce, sur les Dialogues de M. de Fénelon ». Quant au jugement des prix, nous en avons le procès-verbal, signé par les examinateurs : Robert, curé, Fion et Bonnaire, vicaires, Beaudelot, chapelain de l'hôpital, Valmont de Bomare, le savant directeur du cabinet d'Histoire naturelle de Chantilly, Antheaume de Surval et Le Cavelier. Les prix sont peu nombreux : prix de version et de thème aux trois classes de latin, prix de grammaire aux deux classes de français.

L'existence de la Pension fut aussi éphémère que celle de l'École de Dessin. L'immeuble, compris dans la confiscation prononcée contre « l'émigré Condé », fut aliéné le 20 juin 1796. M. Le Cavelier se retira au fond de la Normandie, à Saint-Lô ; il y était encore sous la Restauration, et le prince de Condé lui octroya, le 14 novembre 1814, un brevet de pension de 160 francs, pension calculée d'après le temps que M. Le Cavelier avait passé à Chantilly et la subvention annuelle que le prince lui avait allouée.

*
* *

Étant donné tout ce qui précède, il est à peine besoin de dire que les relations étaient des plus cordiales entre la ville et le château. Le prince de Condé se considérait comme le père de ses vassaux, et il pouvait d'autant plus se rapprocher d'eux que sa naissance et son rang étaient plus élevés. Le *Journal* du lieutenant des chasses Jacques Toudouze, tenu à jour sans interruption de 1748 à 1785, nous apporte à ce sujet les témoignages les plus précis, bien que fort sommaires ; il me suffira d'y faire de nombreux emprunts. Pour la période antérieure, je me bornerai à rapporter un document qui montre la population de Chantilly empressée autour de ses princes ; c'est la relation des fêtes données à la nouvelle duchesse de Bourbon, née Caroline de Hesse-Rhinfeld, à l'occasion de son arrivée à Chantilly. Cette relation, publiée dans le *Mercure de France*, n'en a jamais été extraite, ce qui la rend en quelque sorte inédite.

Donc, le 30 juillet 1728, la duchesse de Bourbon partit de Dammartin à deux heures après-midi. M. de Sarrobert, à la tête de vingt-quatre gardes à cheval, était allé à sa rencontre ; « il conduisit la princesse par les routes de la forêt d'Ermenonville jusqu'à celle de Chantilly, à l'entrée de laquelle on trouva une compagnie de soixante hommes de la bourgeoisie de Chantilly, très lestes et bien montés, précédés de timbales, trompettes et hautbois ». Il faut entendre ici par bourgeois les commerçants de la ville, car il n'y avait pas encore à Chantilly de bourgeois au sens que nous attachons aujourd'hui à ce mot, sauf peut-être quelques commerçants retirés des affaires, sauf aussi des employés retraités de la maison du prince. Il n'y aura guère d'autres bourgeois à Chantilly avant la Révolution.

« Le lendemain, M. de Sarrobert signala son zèle et son attachement par une fête aussi galante qu'ingénieuse », pour laquelle il s'était assuré le concours de cinq musiciens célèbres de la capitale, Charpentier, Delavigne, Paquereau et les deux Dangui. « A cinq heures du soir, une nombreuse troupe, assemblée dans la galerie des Cerfs, divisée en six quadrilles, se mit en marche, traversant l'Orangerie (au bas du Jeu de Paume actuel) pour se rendre au château par la principale porte (c'est-à-dire par la Pelouse et la grille d'honneur), dans l'ordre suivant :

« La première quadrille étoit composée de la compagnie bourgeoise, à pied, avec leurs trompettes, hautbois, etc. Elle fut présentée à la princesse par M. de Sarrobert, qui fit le discours suivant :

« Madame, nous venons témoigner à V. A. S. notre joye sur son heureuse arrivée. Nos vœux sont à moitié accomplis par le mariage que vous venez de contracter avec votre auguste époux ; Dieu nous fasse la grâce de les voir accomplis par une heureuse fécondité. Nous vous reconnoissons, Madame, pour notre maîtresse ; nous vous serons fidèlement et inviolablement attachés toute notre vie, et avec tout le zèle et le respect imaginable. Voici le peuple de ce lieu qui vient vous rendre ses hommages et vous présenter ses petites offrandes.

« Le sieur Paquereau, représentant le magister de Chantilly, parla en ces termes :

« Madame, les grandes joyes sont muettes ainsi que les grandes douleurs ; ce n'est donc que par leur silence que les habitans de Chantilly peuvent exprimer la joye qu'ils ressentent en apportant leurs hommages aux pieds de V. A. S. Puissiez-vous, Madame, en comblant de bonheur votre auguste époux, jouir l'un et l'autre pendant une longue suite d'années de la félicité la plus parfaite.

« La seconde quadrille étoit composée des bourgeoises de Chantilly, qui, après avoir eu l'honneur de faire la révérence à la princesse, lui présentèrent divers pâtés, gâteaux, beignets, et autres sortes de pâtisserie de leur façon.

« Les jardiniers formaient la troisième quadrille. Ils avoient à leur tête le sieur Charpentier, habillé en jardinier, et le sieur Dangui l'aîné, habillé en paysan, l'un jouant de la musette, et l'autre de la vielle. Le jardinier de l'Orangerie offrit dans une corbeille un superbe bouquet, entouré de plusieurs autres plus petits, très artistement composés. Les autres jardiniers vinrent ensuite présenter leurs offrandes, qui consistoient, sçavoir, en sept grandes corbeilles remplies de melons, de figues, de bigareaux, d'abricots, de mures, de pêches et de prunes ; et en douze autres grandes corbeilles remplies d'oranges, de citrons, de concombres, d'artichauts, de salades ; les deux dernières étoient remplies de toutes sortes de légumes.

« Le sieur Charpentier, accompagné par le sieur Dangui, chanta ces deux couplets, dont le premier est du sieur Delavigne (air noté) :

Ces enfans des pleurs de l'Aurore,
Ces fruits et ces brillantes fleurs,
Présens de Pomone et de Flore,
Cèdent à vos vives couleurs.
En ces lieux tout vous rend hommage,
Recevez notre foible encens,
Et que des plaisirs sans nuage
Soyent le partage de vos ans.

« Second couplet sur l'air du *Branle de Metz :*

Dans ces lieux tout vous adore,
A vos yeux tout vient s'offrir,
Les fruits sont prompts à mûrir,
Les fleurs s'empressent d'éclore.
Fruits charmans, aimables fleurs,
Renaissez à chaque aurore,
Fruits charmans, aimables fleurs,
Secondez nos tendres cœurs.

« Vingt-quatre jeunes filles de Chantilly, habillées de blanc, ornées de bouquets et de guirlandes de fleurs naturelles, tenant des festons de fleurs, formoient la quatrième quadrille. Elles avoient à leur tête le sieur Delavigne en berger, jouant de la musette. La première chanta le couplet suivant, sur l'air *Vous qui vous moquez de nos ris :*

Venez régner sur tous les cœurs
  Dans ce riant bocage ;
Par ces guirlandes, par ces fleurs
  Jugez de notre hommage ;
De l'innocence de nos mœurs
  Vous y voyez l'image.

« Après ce couplet, ces jeunes personnes formèrent un double rond, dansèrent au son des musettes, et se rangèrent à l'autre bout de la salle.

« La dame Baptiste, gouvernante de la Laiterie, accompagnée du sieur Dangui le jeune habillé en paysan et jouant de la vielle, paroissoit à la tête de la cinquième quadrille, suivie de vingt-deux filles de la Ménagerie, vêtues de blanc et ornées de quantité de rubans de diverses couleurs. Les garçons de la Ménagerie, galamment habillés, venoient après. Les uns et les autres firent leurs présens, sçavoir, la dame Baptiste portoit deux douzaines d'ortolans dans une corbeille artistement ornée de fleurs et de rubans. En l'offrant à la princesse, elle chanta ce couplet sur l'air *Ton humeur est, Catherine*, etc. :

La déesse d'Érycine
Permettoit à tous mortels,
Pour lui fonder sa cuisine,
D'orner ainsi ses autels.
De même qu'à la déesse,
J'offre à vos jeunes attraits
Notre commune allégresse
Et les cœurs de vos sujets.

« M. de Sarrobert le fils, âgé de dix ans, portoit une cage remplie de petits oiseaux, qui s'envolèrent tous dans l'instant qu'il les eut présentés à la princesse. Un autre jeune garçon conduisoit un agneau blanc, orné d'une quantité de rubans. Quatre garçons de la Ménagerie portoient un veau gras tué et bien paré, dans une grande corbeille. Les quatre premières filles qui venoient ensuite portoient la tête de veau, la fressure, la fraise et les pieds. Les autres portoient, sçavoir, une corbeille remplie de petits pains de beurre comme ceux de Vanves, un gros fromage blanc à la crême, deux autres espèces de fromage caillé à la Royale, deux grands vases de porcelaine pleins de crême, six canetons comme ceux de Rouen, deux dindons vivans, d'un plumage extraordinaire, deux autres dindons de différentes couleurs, un panier de pigeonneaux tués, deux dindons gras tués, deux oisons, six poules en vie, quatre poules grasses, des tortues en vie, deux cochons de lait en vie, six tourterelles, etc.

« Suivoient six garde-chasses, dont deux portoient un grand faon de chevreuil, tué ; deux autres, une corbeille remplie de vingt-quatre lapereaux et de six levreaux ; et les deux derniers une autre corbeille où il y avoit vingt-quatre perdreaux, douze faisandeaux, douze cailles et quatre alebrans.

« Après toutes ces offrandes faites à la princesse, le sieur Delavigne chanta ce couplet, sur l'air du *Cotillon :*

On voit dans ce charmant séjour
L'Hymen et les Ris, les Jeux et l'Amour.
Pour rendre cette fête complète,
Bacchus en ce jour
Avec nous entonne à son tour.
On voit dans ce charmant séjour
L'Hymen et les Ris, les Jeux et l'Amour.

« Immédiatement après ce couplet, les vielles et les musettes jouèrent le même air, sur lequel on dansa très gayement. Les jeunes filles en guirlandes formèrent encore un double rond, et tout le reste de cette bande joyeuse se signala par d'autres danses extrêmement vives et légères.

« Le magister de Chantilly, suivi de ses écoliers et de ses écolières ayant chacun un bouquet à la main, étoit à la tête de la sixième quadrille. Après les révérences faites à la princesse, le sieur Paquereau, qui représentoit le magister, chanta sur l'air *Quand Iris prend plaisir à boire :*

Sur vos pas à l'envi tout vole,
Écoliers et maître d'école ;
Tour à tour nous nous empressons ;
La même ardeur pour vous nous intéresse ;
Pour moi, dans toutes mes leçons
J'inspire à ces jeunes garçons
Un zèle ardent pour leur princesse.

« Après ce couplet, M. de Sarrobert ouvrit le bal au son des vielles et des musettes. Ensuite la fête devint générale. Le duc de Bourbon, les duchesses de Bourbon (mère et belle-fille), les princes, les princesses, les seigneurs et les dames dansèrent à leur tour. Après quoi, les garçons et les filles qui composoient les quadrilles s'emparèrent de la salle de bal et dansèrent très longtemps. Les rafraîchissemens de toute espèce étoient abondamment distribués.

« M. de Sarrobert avait préparé pour le lendemain, dimanche 1er août, une nouvelle fête que le mauvais temps fit remettre au lundi. On avoit élevé douze portiques ornés de feuillages sur la grande terrasse de la grande cour du château, six du côté du grand escalier qui regarde le grand parterre, et six du côté de la rampe qui fait face à l'avenue de Paris, vis-à-vis les uns des autres. Dans les portiques du milieu, on voyoit sur une plate-forme de 15 pieds d'élévation deux fontaines de vin jaillissantes de 7 pieds de haut. Un bel oranger en caisse, chargé de fruits, faisoit la séparation des deux fontaines, dont le vin tomboit, à la grande satisfaction des yeux et des gosiers altérés, dans des bassins de plomb de 5 pieds en carré ; il y avoit à chacun un robinet, autour duquel le concours des flacons, etc., n'étoit pas médiocre.

« Dans chacun des autres portiques, on avoit pratiqué deux espèces de boutiques où l'on voyoit un étalage charmant et solide pour les gens de bon appétit. Cette grande profusion de victuailles consistoit en pains de plusieurs espèces et en toutes sortes de viandes rôties. Vingt-quatre écuyers tranchans galamment vêtus pour cet office, étoient proposés pour faire la distribution des vivres, trois à chaque bureau, ce qui composoit huit ateliers où personne n'étoit oisif.

« Le plaisir de boire et de manger n'étoit pas le seul qu'on avoit préparé à la foule du monde dont toutes les cours du château de Chantilly étoient pleines. Outre douze jeux de quilles, on avoit pratiqué quatre salles de verdure avec des instrumens vis-à-vis les seize fontaines de vin. Les danses s'ouvrirent à quatre heures après midi, au premier signal de la fête, qui fut donné par deux salves de 24 pièces de canon et de 36 boîtes. Ce fut alors aussi que le vin commença à couler abondamment, que les écuyers tranchans eurent de l'occupation, et que tout fut animé à un point qu'on ne peut pas décrire.

« Ce spectacle fit un extrême plaisir aux princes, princesses et à toute l'illustre compagnie, qui étoient aux fenêtres du château. Les danses surtout amusèrent infiniment par leur diversité et la singularité de leur exécution. Les jeunes gens de l'un et l'autre sexe qui les composoient étoient fort lestes, presque tous habillés de blanc, avec quantité de rubans et de fleurs.

« Cependant le vin qui couloit à grands flots augmentoit la gayeté de la fête, la bonne humeur étoit générale, et après maints discours et maintes chansons bacchiques, mêlées d'acclamations et de souhaits pour la prospérité du duc et de la duchesse de Bourbon, on vit plus d'un Sancho Pança, dans l'état du plus parfait contentement, fatigué de babil et de bonne chère, céder aux douces vapeurs du sommeil. On en trouva en cet état une très grande quantité sur les terrasses et dans les jardins.

« Cette fête, qu'on peut appeler charmante par le beau désordre, par la singularité et par la variété des tableaux, dura jusqu'à la nuit ; mais vers les 6 ou 7 heures, c'est-à-dire dans le temps le plus tumultueux de la fête, M. de Sarrobert vint prendre l'élite des danseurs et des danseuses, qu'il fit entrer dans la salle du grand appartement, où un nouveau bal se forma au son des vielles et des musettes. La jeune duchesse de Bourbon, qui en fut avertie, quitta le jeu et y vint avec toute sa cour ; elle y dansa avec les autres princes et princesses jusqu'à 8 heures qu'on fut se promener en calèche découverte.

« Après le souper, on vit un spectacle très éclatant ; c'étoit le parterre de l'Orangerie dont les compartimens étoient entièrement illuminés par des terrines qui en marquoient tout le dessin. A minuit, on entendit une salve d'artillerie ; ce fut le signal du feu d'artifice, qui commença aussitôt et qui se trouva aussi magnifique que bien exécuté. Il commença par une très grande quantité des plus grosses fusées, après quoi la pièce d'eau parut tout en feu par la quantité des ballons d'eau, des dauphins, des pots à feu, girandoles, etc. Ce magnifique spectacle fut terminé par une grande girande ».

* * *

Le 3 septembre 1748, Louis-Joseph de Bourbon, prince de Condé, alors âgé de douze ans, fit son entrée à Chantilly sous la conduite de son oncle et tuteur, le comte de Charolais. Soixante bourgeois à cheval, commandés par M. Cirou, maître de la manufacture de Porcelaines, l'attendaient à la montagne de La Morlaye et lui firent cortège jusqu'au château. Le vendredi 6 après souper, « les bourgeois de Chantilly donnèrent un bal à Son Altesse Sérénissime, où Elle et toute sa compagnie ont dansé. Les rafraîchissements furent présentés par les bourgeois ». Le dimanche 8, « S. A. S. fit rendre le pain bénit à la paroisse, et tira le premier coup de l'oiseau avant le dîner ». Le mercredi 11, le prince de Condé et le comte de Charolais furent avant le dîner « au jeu de fusil faire lever la carte et ordonner la distribution des prix ; le premier prix étoit un plat d'argent, le second une cafetière d'argent, et le troisième un grand gobelet d'argent ». Le jeudi 12, « le jeu de l'arc a fini ; il y a eu pour le premier prix un grand pot d'argent, et pour le second une somme d'argent ».

C'est ainsi que le jeune prince de Condé entra en relations avec ses vassaux, et ces fêtes se renouvelèrent lorsqu'il leur amena une charmante princesse, Charlotte de Rohan-Soubise, qui fit son entrée à Chantilly le 20 juin 1753. Le dimanche 24, les princes assistent à la grand'messe, aux vêpres et au salut, puis se rendent sur la Pelouse et ouvrent le bal après avoir tiré le premier coup sur l'oiseau.

Continuons nos emprunts au *Journal* de Toudouze. « 17 août 1755, fête du beau dimanche de Chantilly. Leurs Altesses Sérénissimes assistèrent à la messe, aux vêpres et sermon, puis se rendirent avec leur compagnie sur la Pelouse, où le prince tira le premier coup de l'arc et de la canne. Et de là furent danser et jeter au public tous les pains d'épice de la fête. Sur le soir, les princes et compagnie furent à la galerie des Cerfs (au bas du Jeu-de-Paume, près de l'Orangerie), où ils ont joué, soupé, et passé la nuit à la danse donnée pour le public. Toute la galerie et les autres appartements étoient remplis de monde. Il fut distribué du pain, vin et viande à toutes les petites gens. Le bal a fini à 4 heures du matin ».

L'année suivante, l'annonce de la naissance du duc de Bourbon (13 avril 1756) fut accueillie avec allégresse à Chantilly : « On a sorti les canons sur la Pelouse, et le canon a commencé à tirer à 3 heures après midi ; il y eut trois salves de 24 coups. Les cloches de la paroisse ont sonné tout l'après-dîner. Illuminations par tout Chantilly le soir, toutes les croisées éclairées, et des feux ». Le mardi 20, eut lieu la fête donnée à l'occasion de cette naissance : « L'on a tiré sur les 7 heures du matin 28 coups de canon pour annoncer la fête, et une salve de 24 boîtes. Après les vêpres on a chanté le *Te Deum* en actions de grâces ; puis toute la compagnie, qui étoit très nombreuse, fut danser à la salle des Bains jusqu'à 8 heures, et le menu peuple a dansé à la galerie des Cerfs. Toute la compagnie fut souper au dôme des Écuries : il y avoit une table de 90 couverts en fer à cheval, une autre table de 60 couverts pour les bourgeois, et une autre table où l'on distribuait du pain, du vin et de la viande pour le menu peuple. Après le souper, il fut tiré un feu d'artifice ; après cela toute la compagnie retourna danser aux Bains ».

Les fêtes recommencèrent lorsque le prince et la princesse furent installés à Chantilly pour le grand séjour d'été : « Le 1er août 1756, les bourgeois de Chantilly ont donné une fête à LL. AA. SS. à l'occasion de la naissance de Mgr le duc de Bourbon. La fête fut précédée d'un très joli feu d'artifice sur l'eau en partie, puis une espèce de petit combat ensuite le feu tiré, en face des appartements de LL. AA. SS., assez bien exécuté. Après le feu, LL. AA. SS. furent souper. Ensuite de quoi les bourgeois firent illuminer la salle préparée pour leur assemblée et leur souper sur la Pelouse, en face du château. La décoration de la salle étoit en arcades, et très bien éclairée. Les santés de Monseigneur, de Madame, de Mgr et de Mlle de Bourbon furent bues, et à chaque santé il fut tiré 12 coups de canon. Après le souper de LL. AA. SS., elles firent l'honneur aux bourgeois de les venir voir à table, où elles permirent de boire une seconde fois à leur santé. Ensuite du repas, Monseigneur et Madame la Princesse ouvrirent le bal dans la même salle par une danse ».

Puis c'est la fête patronale : « 22 août 1756, fête de la paroisse de Chantilly. LL. AA. SS. et compagnie assistèrent à la grand'messe, et après les vêpres le prix de l'arc fut tiré. LL. AA. SS. n'ont pas tiré le premier coup de l'arc à cause du mauvais temps. Il y a eu danse sur la Pelouse, et le soir au pavillon d'Oronthée. Les présents du jeu d'arc ont été gagnés par les chevaliers du jeu de Chantilly, l'écuelle par Renault et le gobelet par Saligny ». C'était le 1er mai que l'on tirait l'oiseau pour élire le roi du jeu de l'arc; quand le prince de Condé se trouvait à Chantilly ce jour là, il ne manquait jamais de tirer le premier coup.

Les habitants de la ville vivaient donc en grande intimité avec le château, et ils saisissaient toute occasion de montrer les sentiments qu'ils portaient à leurs jeunes et charmants seigneurs. Si la douleur fut profonde à la mort de la princesse, enlevée en 1760 par un mal foudroyant, la joie reparut à la nouvelle des deux combats gagnés en Allemagne par le prince à la fin d'août 1762. En réjouissance de ces succès, trop rares, hélas ! au cours de la guerre de Sept ans, le capitaine de Chantilly, M. de Belleval, et le principal concierge, M. Peyrard [1], organisèrent, le 26 septembre, une fête à laquelle tout le pays fut convié, noblesse et peuple. Après le *Te Deum*, agrémenté de deux salves de 24 pièces de canon et de trois salves de mousqueterie, la foule se rend dans les bâtiments du parc situés en contre-bas du Jeu-de-Paume, en face du petit château, l'Orangerie, coudée à angle droit par le palais d'Oronthée sur la galerie des Cerfs, dont l'autre bout se termine par le pavillon des Bains ou Étuves. Une table de cent couverts est dressée dans l'Orangerie; les bourgeoises y prennent place et sont servies par les bourgeois ; le peuple se presse dans la galerie des Cerfs, où on lui distribue à discrétion des victuailles et du vin; la noblesse est dans le pavillon des Bains. Et tout ce monde se mit ensuite à danser jusqu'à ce que la fatigue fît cesser la fête à 6 heures du matin.

Le 27 novembre, le retour du glorieux général réveille l'allégresse : « Tous les bourgeois et habitants de Chantilly et les chevaliers de l'arc bordent le pavé à droite et à gauche depuis les deux pavillons jusqu'à l'entrée du château... Les jeunes filles du bourg sont vêtues en petites nymphes pour la partie champêtre de la fête ». Le prince entend avec émotion les acclamations de ses fidèles vassaux. L'abbé Prévost, qui habitait alors Saint-Firmin, arrive un peu en retard, tout essoufflé, et débite un compliment mi-sérieux, mi-badin. Puis tout le monde suit le

[1] Pierre Peyrard, né en 1717, avait succédé en 1746 à son père, Charles, comme principal concierge; son frère Jean et son neveu Nicolas-François furent gruyers de Chantilly.

prince au Petit-Couvert, où l'on attaque un cerf qui va se faire prendre aux étangs.

Le 9 août 1766, jour du trentième anniversaire du prince, « M. de Chamborand a fait un impromptu de fête, ayant fait mettre la chaloupe sur les fossés du château pour conduire S. A. S. et compagnie à Sylvie pour y souper. Les musiciens étoient dans deux nacelles et escortoient la compagnie, jouant de leurs instruments jusqu'à la fontaine de Sylvie. Dans l'île de l'étang de Sylvie il y avoit tous les piqueurs de chasse, qui ont donné du cor au passage de S. A. S. Tout Sylvie étoit illuminé de falots. S. A. S. et compagnie ont soupé à Sylvie sous le berceau. Les bourgeois de Chantilly ont dansé à la fontaine de Sylvie pendant le souper. Après souper, S. A. S. et compagnie ont dansé une autre contredanse, et ensuite sont revenus au château ».

L'année suivante, le prince revient de Compiègne le 25 août et arrive à Chantilly vers 6 heures du soir « pour la fête qui étoit préparée sur la Pelouse, à l'Orme près le jeu d'arc. Il y avoit une tente de 60 couverts pour le souper de la compagnie, et autour de cette salle il y avoit quatre salles de danse pour tout le public. Dans l'une des quatre, il y avoit quatre marmottes jouant de la vielle ; les trois autres étoient remplies de violons pour faire danser le public. Il y a eu beaucoup de distributions de pain, vin et viande. Dans les salles de danse il y a eu quatre parades différentes. S. A. S. et compagnie ayant tout vu, l'on a été ensuite se mettre à table. Après souper il y a eu une parade sous une tente ; ensuite la compagnie est rentrée sous la tente pour y danser et jouer. Cette fête a duré jusqu'à 3 heures du matin ».

Le mariage du jeune duc de Bourbon avec Mlle d'Orléans, célébré le 24 avril 1770, apporte à Chantilly un nouvel élément de joie et de bonheur. Le 15 juillet suivant, le duc fait son entrée à Chantilly. Après avoir embrassé son père dans le salon d'Henri IV, c'est-à-dire dans le cabinet d'angle qui précède la Grande Singerie, il descend dans son appartement « pour y recevoir les compliments du clergé par M. le Curé, de la capitainerie d'Halatte par M. de Jonquières, de la justice de Chantilly par M. Regnard, juge, et de la gruerie par M. Peyrard. Après dîner, promenade par les Écuries, les Chenils, la grande Cascade, la Ménagerie, où l'on a fait collation. S. A. S. a été complimentée à la Laiterie par Mlle de Franclieu, qui a présenté des petits poulets, canards, crême, fromage et des œufs frais. Ensuite la promenade a continué par la tête du canal jusqu'à Sylvie, puis la compagnie est rentrée au château à cause du mauvais temps. S. A. S. y a fait venir tous les bergers et bergères, qui ont complimenté S. A. S. dans la salle du Tasse. Mlle Peyrard et M. Moreau fils ont fait leurs compliments au prince ; ensuite les bergers et bergères ont dansé, ainsi que la compagnie. Tout le peuple a dansé dans la galerie des Cerfs ».

L'âge du duc de Bourbon (il n'avait que quatorze ans) fit retarder jusqu'au 4 mai 1771 la réunion des jeunes époux, et ce ne fut que le 2 juin suivant que la duchesse vint à Chantilly : « Madame la duchesse de Bourbon est arrivée à Chantilly pour la première fois vers les 8 heures du soir. Les bourgeois de Chantilly l'attendirent avec leur musique au haut de la montagne de La Morlaye. M. Brillouet (chirurgien de l'hôpital) a complimenté la princesse, dont l'arrivée a été saluée d'une salve de 48 canons ».

Le lendemain, 3 juin, « LL. AA. SS. furent à la promenade en voiture vers les 4 heures après midi, et ont commencé par aller au Jeu d'Arc, où étoit un nombre de bergers et bergères qui ont chanté devant LL. AA. SS ; ensuite ils ont dansé. De là LL. AA. SS. ont continué la promenade par les Écuries, les Chenils, les grandes Cascades, la Ménagerie, de là à la tête du canal, ensuite au château, du château sont venus danser au pavillon d'Oronthée avec les bergers et les bergères. Vers le midi, le clergé, la capitainerie, la justice et la gruerie avoient été complimenter Madame la Duchesse, qui les a reçus avec bonté ».

La duchesse de Bourbon, belle, bonne et gracieuse, fut aussitôt adorée à Chantilly. Le 18 août suivant, jour de la fête, « Mgr le Duc de Bourbon a tiré les premiers coups de l'arc au grand et petit jeu ; ensuite les princes, princesses et toute la cour sont venus à la fête, et Madame la Duchesse a tiré à l'arc ». Le 11 novembre, Mgr le Duc, Madame la Duchesse et compagnie ont dansé avec les jeunes gens de Chantilly le soir dans la salle du Tasse jusqu'au souper ». Le 17, Mgr le Duc « a donné un bal le soir aux filles de Chantilly au château ». Puis viennent les plaisirs de l'hiver : « Le 20 janvier 1772, LL. AA. SS. ont pris le divertissement d'aller en traîneau sur les fossés du château, où il y avoit beaucoup de monde, soit patineurs ou autres ». Enfin l'allégresse est au comble : le 2 août 1772, la princesse donne le jour à un fils dans son appartement du petit château [1]. Le père avait seize ans, le grand-père trente-six. Quel riant avenir !

L'arrivée de la princesse Louise de Condé, sortie du couvent, et plus tard la présence du petit duc d'Enghien, ne firent que resserrer les liens affectueux qui attachaient la ville au château. Partout on rencontrait les jeunes princes, à la promenade, à la chasse, à la pêche. Chaque année, ils ouvraient la fête, tirant à l'arc, dansant sur la Pelouse avec le public, dévalisant les boutiques des marchands de pain d'épice pour amuser le peuple. Le prince de Condé prit l'habitude d'offrir périodiquement un souper aux bourgeois de Chantilly dans le dôme des Écuries. Tous les ans, le lundi de la Pentecôte, il faisait les honneurs de son domaine, et tout le monde pouvait le suivre, à cheval, à pied ou en voiture : c'était « le beau lundi de Chantilly ». La foule attendait sur la Pelouse ; le prince sortait des Écuries en cabriolet et prenait la tête du cortège ; l'itinéraire était toujours le même : les Écuries, le Réservoir, les Grandes Cascades, les Potagers, les cascades de Beauvais, la Ménagerie, le grand Vertugadin, la tête du Grand Canal. Toudouze signale invariablement à cette promenade 70 à 80 voitures, beaucoup de cavaliers, « et une prodigieuse quantité de gens de pied ».

On ne se lasserait pas de citer le *Journal* du brave lieutenant des chasses. Le 16 août 1778, « LL. AA. SS. et compagnie ont été à la fête. Mgr le Prince a tiré trois coups au jeu de l'arc, et Mgr le Duc autant. Ensuite, promenade ordinaire aux Écuries, Chenils, grandes et petites Cascades. De là, LL. AA. SS. sont revenues à la danse de la fête, où elles ont jeté

[1] Au rez-de-chaussée, face au jardin de la Volière et au fossé. La chambre de la duchesse est aujourd'hui représentée par le salon violet.

beaucoup de pains d'épice ». Le 17 et le 18, les princesses sont encore à la fête sur la Pelouse, tirent à l'arc et dansent.

L'emplacement de la fête était alors entre les Six-Arbres et la forêt. Le Jeu d'Arc se trouvait en bordure de la forêt, avec une petite maison dont il reste le puits au bord de la piste actuelle. L'orme où se tirait l'oiseau doit se placer un peu au devant, à peu près là où sont les six jeunes arbres.

L'année suivante, le 22 août 1779, les princes soupèrent aux Six-Arbres et retournèrent ensuite danser avec le public. Le 12 septembre, ils allèrent après dîner à la fête d'Avilly ; le 26, à la fête de Vineuil.

Le 19 août 1781, « fête de Chantilly sur la Pelouse, où il y a eu danse, jeu de l'arc des chevaliers ; il y avoit quatorze compagnies étrangères des environs. Il y a eu pour le premier prix une écuelle d'argent, pour le second un gobelet, aux armes de S. A. S. ; les deux derniers prix en argent, de la bourse des joueurs, qui ont payé chacun 3 livres. Leurs Altesses Sérénissimes et compagnie sont arrivées vers les 5 heures pour commencer la fête. Mgr le prince de Condé a tiré le coup du seigneur, ensuite Mgr le duc de Bourbon, et Mgr le duc d'Enghien. Après une promenade par le Réservoir, les Grandes Cascades, les Potagers, les Petites Cascades, Leurs Altesses sont venues à la danse, ont commencé par jeter beaucoup de pains d'épice, ont fait l'ouverture, y ont dansé jusqu'à la nuit ». Le lendemain 20, « les garçons de Chantilly donnèrent un bal à Mademoiselle au pavillon d'Oronthée ».

Les princes, on le voit, aimaient à se mêler aux habitants de Chantilly, à prendre part à leurs plaisirs. Le jour de la fête de 1783, 17 août, ils « vont à la comédie jouée par une troupe de comédiens de campagne », dans une vaste tente installée sur la place de l'hôpital. Le 18, après avoir forcé deux cerfs, les princes soupent au dôme des Écuries, « qui étoient très bien illuminées, toutes les têtes de cerf garnies de lanternes, les quatre embrasures du dôme garnies de banquettes et remplies de monde ».

Aussi n'est-ce pas une phraséologie de commande, mais bien l'expression sincère d'un sentiment profond, que l'on put lire dans les *Affiches de Senlis* le 22 mars 1786 : « Les alarmes causées par une fièvre opiniâtre survenue à S. A. S. Monseigneur le prince de Condé sont entièrement dissipées. Dimanche 13 mars, Son Altesse en parfaite convalescence est revenue dans ses domaines de Chantilly. L'annonce de cet heureux retour y avoit déjà causé la joie la plus vive. Aux approches du prince, une division nombreuse de la bourgeoisie, en uniforme et formant un corps de cavalerie, est allée en bon ordre au devant de lui, et a eu l'honneur, en escadron carré, de ramener dans son centre et d'escorter jusqu'à son château ce prince chéri, qui a été reçu aux acclamations et aux applaudissements d'une foule prodigieuse. Son Altesse, arrivée dans ses appartements, a été complimentée sur sa santé par tous les corps, du clergé, de sa capitainerie, de ses juridictions, de ses officiers et autres. Le lendemain, les habitants ont fait chanter avec pompe dans leur église une messe solennelle et un *Te Deum* en actions de grâces de cette précieuse santé. S. A. S. a accueilli avec les marques d'une sensibilité touchante les hommages qui lui ont été rendus. Les traits de sa munificence se sont multipliés. Tous les braconniers et autres délinquants dans les bois de S. A. S. ont reçu, avec leur élargissement et la remise de toutes amendes, des secours en pain et en argent. Une voix bien capable de les convertir [celle de la princesse Louise de Condé] les a exhortés à ne plus s'exposer à des peines qu'on leur inflige à regret. Le soir, toutes les maisons étoient illuminées ; le prince en voiture les a honorées de ses regards ; il a vu avec satisfaction les devises de toute espèce, ingénieuses, naïves et plaisantes, qui décoroient le frontispice de plusieurs bâtiments. Elles tendoient toutes à exprimer les transports de la joie dont les cœurs étoient remplis ».

Trois ans encore, et les mœurs charmantes dont nous venons d'esquisser le riant tableau disparaîtront à tout jamais.

www.ingramcontent.com/pod-product-compliance
Ingram Content Group UK Ltd.
Pitfield, Milton Keynes, MK11 3LW, UK
UKHW031929260826
14628UKWH00004B/1501

9 782019 914943